한국대표서정시선7
2018

한국대표서정시선7 2018

초판 1쇄 인쇄일 | 2016년 12월 23일
초판 1쇄 발행일 | 2016년 12월 30일

저　　자 | 민용태 외 48인 공저
펴 낸 이 | 차영미

편　　집 | 디자인그룹 여우비
펴 낸 곳 | 도서출판 서정문학

주　　소 | 서울시 강동구 천중로30길 5-11, 203호
전　　화 | 02-720-3266　FAX | 0505-115-3266

홈페이지 | http://cafe.daum.net/seojungmunhak.com
이 메 일 | sjmh11@hanmail.net
등　　록 | 2008. 3. 10 제324-2014-000060호

ISBN 978-89-94807-54-6 04810
978-89-94807-06-5(셋트)
정가 10,000원

* 이 책의 판권은 지은이와 서정문학에 있습니다.
* 잘못된 책은 교환해 드립니다.

국립중앙도서관 출판예정도서목록(CIP)

한국대표서정시선. 7 / 저자: 민용태 외 48인. -- 서울 : 서정문학, 2016
　　　p. ; cm. -- (서정문학대표시선 ; 37)

ISBN 978-89-94807-54-6 04810 : ₩10000
ISBN 978-89-94807-06-5 (세트) 04810

한국 현대시 [韓國現代詩]

811.62-KDC6
895.714-DDC23　　　　　　　　　CIP2016031386

서정문학대표시선 ● 37

한국대표서정시선 7
2018

민용태 외 48인 공저

서정문학

| 발간사 |

　　　　　　왜? 문학을 하느냐고 물으면 작가마다 그 대답이 분명 다를 수 있다. 하지만 공통적인 것이 있다면 쓰지 않고는 견딜 수 없는 정서가 있다는 것이다. 작품의 경중함을 떠나 작품을 쓰지 못하는 작가는 이미 작가가 아니다. 그래서 작가는 작품으로 말해야 한다는 말이 있다. 요즘 각종 문예지를 통해 작가가 양산되고 있다는 문단 한쪽에서 우려스러운 목소리도 있다. 그러나 이것도 한 시대 문단의 한 조류로 생각하면 그리 큰 문제될 것은 없다고 본다. 다만 문제는 사유의 깊이가 담겨지지 못하고 문학의 기본 소양도 없이 마구 써대는 것이 문제이다. 오세영 시인께서 "좋은 시 나쁜 시는 없다 다만 읽고 나서 감동이 있느냐 아니면 깨달음이 있느냐의 차이다." 라는 말을 작가라면 한 번쯤 되새겨볼 필요가 있다. 사실 작품을 잘 쓰는 데는 왕도가 따로 없다. 많이 읽고 많이 써 보고 많이 고민해 보며 산고의 고통을 가질 때 그 누구에게도 공감을 불러일으키는 작품을 쓰

게 되리라 믿는다. 이번에 또 우리 서정가족이 연말을 정산하듯 한국 대표서정시선 7호를 발간하게 됨을 먼저 감사드린다. 그 동안 갈고 닦은 솜씨로 이 세상에 자기 얼굴을 내보이는 날이다. 40대 이후 자기 얼굴에 책임지라는 에이브러햄 링컨의 말처럼 자기 글은 자기가 책임져야 한다. 작가의 품을 떠난 작품은 독자의 몫이다. 독자들에게 사랑받는 작품이 명작이다. 이번 시선집을 통해 작품들이 더욱 완숙해지는 계기가 되면 더욱 좋겠다. 공명을 떠나 오직 작품을 통해 이 세상과 소통하는 훌륭한 시간들이 되면 그보다 더 큰 보람이 없을 것이다. 어떠튼 우리 서정문학 가족들 파이팅이다. 그리고 귀한 옥고를 통해 함께해 주신 분들께 감사드리고 출간을 위해 애써 주신 분들께도 그 기쁨을 나누고 싶다.

2016년 12월
서정문학 발행인 이훈식

|CONTENTS|

|발간사|4|이훈식|

── 한국대표초대시선(가나다순)

공광규	13	파주에게
	14	빨간 내복
	15	율곡사
문태준	17	지금 이곳에 있지 않았다면
	18	우리는 서로에게
	19	불안하게 반짝이는 서리처럼
문효치	21	남생이무당벌레
	22	송사리
	24	내 살 속에
민용태	26	창호지
	27	청개구리 만세
	28	천둥벌거숭이
이은규	31	골목의 다짐
	32	세상 쪽으로 한 뼘 더
	34	캐치, 볼
이훈식	37	누굴 사랑한다는 것은
	38	살풀이
	40	말입니다

── 한국대표서정시선(가나다순)

고봉천	45	노송
	47	옷걸이
	49	불면증
권규하	52	참을 수 없는…
	53	진실 : 순실
	54	밥 : 일상
김관식	56	농게
	57	못
	58	땅콩속의 연가
김동석	61	홍시
	62	누이의 카톡
	63	인연 2

김현희	65	파트너
	67	밀교자의 방
	69	회전문에 갇히다
김호천	72	하늘과 구름을 얻다
	74	게 잡이
	76	조개
류금선	78	낙엽
	79	라일락 향기처럼
	80	낙화암
박동환	82	시큼한 날
	83	하얀 바다
	84	마음이 바다보다 깊은 이유
박상배	86	어승생오름
	87	흔적
	88	곶자왈에 서면
박성순	90	젊음이여
	92	꽃 2016 여름
	93	연등
박순옥	95	가을비
	96	하얀 손수건
	98	마장단
박채선	100	우이천을 거닐며
	102	공소시효 없는 집행유예의 삶
	103	바람도 눈물로 울까
박태건	105	못갖춘마디
	106	40대의 마지막 가을과 겨울
	108	아집我執
방극률	110	글이 무거울까요
	111	꽃게탕
	112	늙은 호박 깎기
서귀례	114	못 다한 사랑 글
	116	사랑의 약자여
	118	아시나요 그때를
서승원	121	솔잎이 꺾이다
	122	바닷가의 추억
	124	착오
안영호	126	달팽이
	127	낡은 주전자
	128	가을 단상

오광진	130	달빛 얼굴
	131	소의 눈물
	132	어머니의 눈물
오세주	135	시를 노래하는 이유
	136	풍경을 그리다
	138	행복이란 어쩌면
옥혜민	141	가을비
	143	가을의 감나무
	145	가을의 인사
윤혜령	148	엄마와 양귀비
	149	커피 물고기
	150	내 숲으로 가자
이경미	153	생인 손가락
	154	풋사과
	155	담쟁이덩굴
이소영	157	살다보면
	158	일기예보
	159	겨울, 차 안에서
이영숙	161	11월
	162	바위에 넘어지지 않다
	163	외가 가는 길
이정님	165	들꽃이면 좋겠다
	166	이별 같은 그림
	168	이 가을에
이지영	170	나이테
	171	지우개
	172	봄이 오는 소리
이춘식	174	느낌
	175	봄 예찬
	176	어머니 사랑
이희덕	178	편견
	180	닭의 반란
	182	연어의 회향
장영순	184	불꽃
	185	서약誓約
	186	별빛
정공진	188	고속터미널 풍경
	189	억새꽃
	190	동행

조수형	192	첫사랑 2
	194	까치밥
	196	달팽이
조주행	198	하얀 구름 꽃
	199	가을 숲으로 떠나간 추억
	200	그림자 없는 빛
조충호	202	가을편지
	203	그대가 보낸 가을사랑
	204	그리움의 인연
차영미	207	루시Lucy
	208	등
	209	그물을 삼키는
최주식	211	나는 이렇게 시인이 되었습니다
	212	막걸리 심부름
	213	선물
최준표	215	설거지
	216	골목길
	218	어머니
최홍연	221	갈대 1
	222	상사화
	224	쑥부쟁이
표혜숙	226	효자손
	228	산밭
	230	아빠가 벗어놓은 낡은 구두
한희정	233	여름시인
	234	물소리 산장
	235	李箱이 만난 莊子를 읽고
홍만희	237	문래동
	238	대한민국 국민
	239	가을, 담화
홍순선	241	아버지
	242	아름다운 동행
	243	트레드밀

한국대표서정수필선(가나다순)

박응보	247	잉여농산물
윤송석	252	성희롱 예방교육

한국대표초대시선

공광규
문태준
문효치
민용태
이은규
이훈식

수록 작품

파주에게

빨간 내복

율곡사

공광규

- 1960년 생
- 1986년 월간 《동서문학》 등단
- 시집 『담장을 허물다』 등
- 시창작론집 『이야기가 있는 시창작 수업』
- 산문집 『맑은 슬픔』 등

파주에게

파주, 너를 생각하니까
임진강변으로 군대 갔던 아들 면회하고 오던 길이 생각나는군
논바닥에서 모이를 줍던 철새들이 일제히 날아올라서
나를 비웃듯 철책선을 훌쩍 넘어가 버리던
그러더니 나를 놀리듯 철책선을 훌쩍 넘어오던
새떼들이 생각나는군
새떼들은 파주에서 일산도 와보고 개성도 가보겠지
거기만 가겠어
전라도 경상도를 거쳐 일본과 지나반도까지도 가겠지
거기만 가겠어
황해도 평안도를 거쳐 중국과 소련을 거쳐 유럽도 가겠지
그러면서 비웃겠지 놀리겠지
저 한심한 바보들
자기 국토에 가시 철책을 두르고 있는 바보들
얼마나 아픈지
자기 허리에 가시 철책을 두르고 있어보라지
이러면서 새떼들은 세계만방에 소문 다 내겠지
파주, 너를 생각하니까
철책선 주변 들판에 철새들이 유난히 많은 이유를 알겠군
자유를 보여주려는 단군할아버지의 기획이 아닐까?
하는 생각이 자꾸 드는군

빨간 내복

강화오일장 꽃팬티 옆에
빨간 내복 팔고 있소

빨간 내복 사고 싶어도
엄마가 없어서 못 산다오

엄마를 닮은
늙어가는 누나도 없다오

나는 혼자여서
혼자 풀빵을 먹고 있다오

빨간 내복 입던
엄마 생각하다 목이 멘다오

율곡사

밤나무가 많은 골짜기에 있는 절이어서
절 이름이 율곡사인

오래된 절 마당가 감나무에 붉은 감이
가으내 전등을 매달고 있는 절이다

어느 해 가을
감나무와 감나무 사이

모란꽃비를 맞고 있는 반쯤 눈뜬 괘불탱화가
걸려 있던 절

초승달이 구름을 건너가며
칠성각 구절초 흰 돌담을 눈 감았다 떴다 내려 보던 절

절에서 보내온 햇밤을 까는데
여린 속이 스님 얼굴처럼 희다

수록 작품

지금 이곳에 있지 않았다면

우리는 서로에게

불안하게 반짝이는 서리처럼

문 태 준

· 1994년 『문예중앙』 신인문학상에 시 「처서(處暑)」 외 9편이 당선
· 시집 : 『수런거리는 뒤란』, 『맨발』, 『가재미』, 『그늘의 발달』,
   『먼 곳』, 『우리들의 마지막 얼굴』 등
· 수상: 동서문학상, 유심작품상, 노작문학상, 미당문학상,
   소월시문학상, 서정시학작품상 등

지금 이곳에 있지 않았다면

만일에 내가 지금 이곳에 있지 않았다면
창백한 서류와 무뚝뚝한 물품이 빼곡한 도시의 캐비닛 속에 있지 않았다면
맑은 날의 가지에서 초록잎처럼 빛날 텐데
집 밖을 나서 논두렁길을 따라 이리로 저리로 갈 텐데
흙을 부드럽게 일궈 모종을 할 텐데
천지에 작은 구멍을 얻어 한 철을 살도록 내 목숨도 옮겨 심을 텐데
민들레가 되었다가 박새가 되었다가 구름이 되었다가 비바람이 되었다가
나는 흙내처럼 평범할 텐데

우리는 서로에게

우리는 서로에게
환한 등불
남을 온기
움직이는 별
멀리 가는 날개
여러 계절 가꾼 정원
뿌리에게는 부드러운 토양
풀에게는 풀여치
가을에게는 갈잎
귀엣말처럼 눈송이가 내리는 저녁
서로의 바다에 가장 먼저 일어나는 파도
고통의 구체적인 원인
날마다 석양
너무 큰 외투
우리는 서로에게
절반
그러나 이만큼은 다른 입장

불안하게 반짝이는 서리처럼

서리 내린 세계는 하얀 미사포를 쓴 채 성당을 나오는 여인 같네
나는 농담을 마른 갈잎 위에 적네, 바스락거리며 당신의 바닥에서 뒹굴도록
오늘 나는 빛에 예민하게 반짝이는 감정의 액세서리를 했네
나의 감정은 초조한 나뭇가지 끝에서 하늘의 절벽으로 쏟아지네
흥분한 분수처럼 위로 솟구치네
불안정한 기류 속을 날아가는 여객기 같네
털실로 짠 옷을 털면 나오는 먼지 같네
저 평화롭고 너그러운, 큰 생각에 잠긴 벌판 쪽으로 데려갈 수는 없나
나의 꿈은 불안하게 반짝이는 서리처럼 잠깐 섰다 사라지네

수록 작품

남생이무당벌레

송사리

내 살 속에

문효치

- 1966년 한국일보 및 서울신문 신춘문예 당선
- 시집: 『무령왕의 나무새』 『왕인의 수염』 『별박이자나방』
  『모데미풀』 등 12권
- 동국문학상, PEN문학상, 김삿갓문학상, 정지용문학상 등 수상
- 현재 계간 『미네르바』 대표, 한국문인협회 이사장

남생이무당벌레

꿈속의 작은 길로 간다
길 위에 서 있는 나무마다
거미줄 같은 전선줄을 쳐놓고
어두운 우주 끝에서
얼고 있는 별을 향해
송전의, 송신의 키를 누르고 있다
발걸음 걸음걸음마다
먼 별의 붉은 불을 점등한다
불빛 속으로 성황당 돌 쌓는 소리 들린다

송사리

송사리를 잡으러 가려고
마루 밑에 굴러다니는
빈 병을 챙겼다

엄마가 말했다
-송사리가 너 잡을라

들은 시늉도 하지 않고
달려나가 냇물에 들었다

잡힐 듯 잡힐 듯 빠져나가는 놈들
헛손질만 반나절쯤 해대면서
점점 강심으로 들어가다가

물속 웅덩이를 헛디디고
엎어지고 말았다

코로 입으로 흙탕물이 들어왔다
허우적거리며 기어나와
물먹은 몸으로 집에 왔을 때
-송사리가 너 잡았구나

여섯 살
생애 첫 싸움은 KO패
그 맛은 흙탕물, 그 물맛이었다

내 살 속에

내 살 속에
고향의 대추나무 옮겨 심어 놓은 지 오래다
해마다 대추꽃이 피고
대추가 열리는데
이놈이 빨갛게 익을 때 보면
해내뜰 하늘 위에 뜨던 별이다

그 옛날 밤길을 가다 보면
그 별이 늘 나를 따라다니기는 했지만
몇 십 년이 지난 여기 서울에까지 따라 다닐 줄은 몰랐다
이어서
감나무나 은행나무도 모두
내 살 속에 여기저기 옮겨 놓았더니
아, 그놈들도 똑같이 해내뜰 하늘 위의
그 별들을 몽땅 가져와서 매달고 있는 것이다
가을만 되면
그래, 내 살이 얼얼하고 후끈후끈 하는 것이다

수록 작품

창호지
청개구리 만세
천둥벌거숭이

민 용 태

· 1975년 서반아 마드리드 대 스페인 국가 문학박사
· 1975년-1979 서반아 "메넨데스 뻴라요 국제 대학" 강사
· 1979년-1987년 외대 교수, 1987년-2008년 고려대 교수
· 현재: 고려대 명예 교수. 스페인 왕립 한림원 종신 위원,
  아시아 서어서문학회 부회장
· 1968년 "창작과 비평" 겨울호, "밤으로의 작업 외"로 데뷔
· 2014년 시집 "바람개비에는 의자가 없다", 천년의 시작 외 다수

창호지

우리의 내부와 외부를 가르는 것은
이 얇다란 종이 하나
북풍이 칼날을 휘둘러도
우리는 이 창호지 하나를 방패로
겨울을 난다
구름의 포를 뜬 창호지는
그러나 작은 바람결에도 곧잘 약하게 운다.
실은 창호지는 눈물에 약하다
작은 눈물바람에도 가슴이 허문다
푸른 하늘에 연이 되고 싶었을까
고명한 선비의 붓 끝에
영생을 얻고 싶었을까
창호지에는 연한 풀잎의 힘줄이 드러나 보인다.
갈기갈기 찢기울지언정 부서지지는 않는다.
차라리 상여 위에 꽃으로 필지언정
그 자리에서 깨어지지 않는다.
깨어지기보다는 오히려 깃발이 되어
펄럭이며 소리치는
실은 대기의 사촌쯤 되는
우리네 하얀 마음
너와 나의 등불을 지키는 것도
실은 이 얇다란 창호지 하나다.

청개구리 만세

햇살이
칼날 하나를 빼어
망막을 후려친다.
하루가
빨딱 뛰어 오른다
어제와 꿈 사이에서

천둥벌거숭이

시는 나이 어린 여린 소녀다
- 세르반떼스 -

나의 속눈썹 넘어 지평선에는
천둥벌거숭이가 춤을 춘다
초겨울 바람이 나이테를 파고 들면
내 몸 어딘가에 있는 영혼을 팔아
나이 어린 여린 소녀와 사랑에 빠지자
꿀빛 잠자리 꿈, 천둥벌거숭이 춤
어차피 절벽 앞에 설 거라면
사람들 눈치 내동댕이 치고
시간을 발로 차고 눈 감고 귀 막고
나이테 거꾸로 돌아 젊음을 훔치고
나이 어린 여린 소녀와 눈이 맞아
영원을 훔쳐 달아나고 싶다
나는 어느 신과도 사랑에 빠지고 싶지 않다
나이테 거꾸로 돌아 젊음을 훔치고
나이 어린 여린 소녀와 사랑에 빠지고 싶다
어차피 절벽 앞에 설 거라면
어느 달마도 만나고 싶지 않다
어차피 천년도 못 사는 사랑이라면
아차피 천방지축 우리는 우주 아이들
천둥 번개 치든말든, 우리 둘
우리 안의 불빛 하나로

천 길 어둠 뚫고
벼락 치듯 뛰어내려!

수록 작품

골목의 다짐
세상 쪽으로 한 뼘 더
캐치, 볼

이은규

· 2008년 동아일보 신춘문예 당선
· 시집 : 『다정한 호칭』

골목의 다짐

우리는 한 골목 입구에 도착했다 처음엔 나란히 옆모습을 보며 걸었다 골목은 점점 좁아지고 있었다 앞서거니 뒤서거니 한 사람이 한 사람의 뒷모습을 보며 걸었다 담쟁이 넝쿨의 웃음소리 골목은 점점 좁아지고 있었다 벽을 등지고 서로를 마주보며 걸었다 골목은 점점 좁아지고 있었다 문득 한 사람은 뒤돌아 골목을 빠져나갔고 한 사람은 남았다

기억 담쟁이 넝쿨만 무럭무럭, 세상의 모든 골목은 조금씩 어두워지고 구불구불 하지만 그건 마치 황무지의 나무들이 바람의 방향 쪽으로 기운 것처럼 보이는 이치, 이제 골목의 무수한 벽들을 깨버리거나 훌쩍 뛰어넘거나 사실은 벽이 아니라고 믿거나 통과해 버리는 등의 묘기를 부리지 않겠다고 적는다 골목 끝을 두려워하지 않기로 나아가기로

골목의 다짐, 남은 한 사람은 가만히 벽을 따라 옆으로 옆으로 걸으며 기나긴 문장들을 쓰기로 한다 아무렇지 않은 듯 천천히 나아가며 벽을 따라 걷는 슬픔으로 가득차기로 파멸과 극복을 반복하는 영웅전집이나 경들을 타인의 일기장을 지우고, 그들을 구원하는 일을 멈추기로 한다 타오르는 문장들, 이제 일용할 양식은 매일 조금씩 갱신되는 슬픔

세상 쪽으로 한 뼘 더

흰 옷을 입고 걸어갔다, 고집스럽게
누군가 고집은 표백된 슬픔이라고 말했다 하자

우리라는 이름으로 도착한 세상, 꿈결도 아닌데 왜 양을 세며 걸어갔나 몽글몽글 구름옷을 입은 양떼들이 참 많이도 오고 갔다 포기 없을 다정이여 오라, 병이여

양 한 마리 양 두 마리 양 세 마리

양 한 마리에 사랑을 양 두 마리에 재앙을 양 세 마리에 안녕을

세상의 푸른 풀포기에 맺힌 이슬방울만큼 떠오르는 생각들 얼굴들 약속처럼 추억이 방울방울 피어오르다 이미 추억이 될 수 없는 이름들과 오고 있는 무엇, 무엇들아

날씨보다 한 발 먼저 도착해
우리를 기다리고 있는 시간에 대해 함부로 말하지 않기로 하자

오늘의 세상 한쪽에선 비가 내리는데 한쪽에선 흐린 하늘이 펼쳐져 있다면 또 다른 한쪽에선 맑음이라면, 믿을 수 있을 수 있나 믿지 않을 수 있나 우연이라는 운명을

문득 비오는 날과 흐린 날과 맑은 날 중에 어떤 걸 제일 좋아해

비오는 날과 흐린 날과 맑은 날 중에 어떤 걸 제일 좋아해, 묻는
목소리를 가장 좋아해

표백된 슬픔을 고집이라고 누군가 말했다 하자
고집스럽게, 흰 옷을 입고 힘주어 발을 내딛는

캐치, 볼

투명하다, 여름하다
가늘게 부서지는 햇살 사이로
흩어지는 물방울 너머로 하얗게

한낮의 운동장
현기증 난단 말이에요
놓쳐버린, 진실을 말해주세요

볼을 던진다
볼이 여기서 저기로 움직인다
볼은 되돌아온다

손은 눈보다 빠르고
말과 말 사이는 우주보다 멀고 느려

던지고 움직이고 되돌아오고
현기증 난단 말이에요
말해 주세요 진실을, 놓쳐버린

이제 그만 사라져
내 마음 속으로

그리고 돌아가지마
기억이 되어버린 네 시간 속으로

미래에서 기다릴게
녹는 중, 구름맛 아이스크림처럼
어떤 약속은 귀가 멀도록 아득하다

말을 던진다
말이 여기서 저기로 움직인다
말은 되돌아온다

햇살 사이로 물방울 너머로
가늘게 하얗게 부서지며 흩어지는
여름하다, 투명하다

수록 작품

누굴 사랑한다는 것은
살풀이
말입니다

이 훈 식

· 계간 창조문학등단(1994년)
· 서정문학 발행인 · 용인문학회 고문
· 강남문학상, 창조문학대상
· 자연과 꿈상
· 시집 : 『등불 하나 가슴에 달고』 『은밀한 속삭임』
　『그리움의 심지』 『눈금없는 잣대』
　『햇살 등 뒤로 숨은 웃음』

누굴 사랑한다는 것은

누굴 사랑한다는 건
찢어진 가슴에
울음을 쑤셔넣고
날마다
한땀 한땀 꿰매는
기다림

살풀이

용케도 아픈 부위만을 골라
발끝으로 넋을 밟고
뒤꿈치로 가락을 누르는
하얀 곡선

극과 극은 서로 통한다고 했던가
시뻘겋게 들끓던 애증이
긴 소매 손놀림 끝에서 녹아나고

멍울멍울 맺힌 한스럽던 비명들이
무의식 자유로운 호흡으로
시공을 넘나들 때마다

신들린 언어가 되는 몸짓
추임새가 따로 필요가 없는
입신의 감흥이다

주름진 세월을 고깔로 내려쓰고
들썩들썩 이생의 짐을
어깨춤
살밑 간지러운 애무로 풀어내면

눈물 또한 사치로 흐르고

허공을 떠돌던 가슴 절인 슬픔들이
원형의 그림자가 되어
서로의 발목을 잡고 돌도 돈다

너울대는 중모리 장단
휘감아대는 장삼자락에
날개가 달리면

내 안에 맥박으로 뛰던 일상들이
서로 맨살을 비비며
전생에 잊혀졌던 춤을 춘다

말입니다

맨 나중에 말입니다
그러니까는
호주머니 없는 옷을 입었을 때
내 몸을 불태워
쇠절구공이로도 빻아지지 않는
남는 것이 하나가 있다면
그건 말입니다
평생 내가 어쩌지 못했던
사랑
바로 당신입니다

한국대표서정시선

고봉천
권규하
김관식
김동석
김현희
김호천
류금선
박동환
박상배
박성순
박순옥
박채선
박태건
방극률
서귀례
서승원
안영호
오광진
오세주
옥혜민

윤혜령
이경미
이소영
이영숙
이정님
이지영
이춘식
이희덕
장영순
정공진
조수형
조주행
차영미
최주식
최준표
최홍연
표예숙
한희정
홍만희
홍순선

수록 작품

노송
옷걸이
불면중

고 봉 천

· 울산 공대 졸 · ROTC 예비역 중위 예편
· 1988년 캐나다 이민 · 현재) 28년째 캐나다 토론토 거주
· 자영업 운영 · 서정문학 시부문 신인상
· 서정문학 운영위원

노송

눈 덮인 산야
휘도는 눈보라에
눈 등짐지다
깊게 휜 허리 처매고

세월에 굳어버린
진물나는 표피의 상처
세상 풍파 찔릴 때마다
꽂힌 바늘 그대로 지닌 채

이 악물고 참는 아픔
화강암 돌틈에 뿌리 박고는
억겁의 세월 동안
산세 따라 난 사연 많은 짙은 발자국
바라만 볼뿐

흰거품 뚝뚝 떨구는 지친 소 울음소리
마음에 담아
한 번쯤 소리내어 울만도 한데

이제나 저제나 님오실가
대쪽 같은 목 끝내
휜채 내밀고는

말없이 서있는
장승

옷걸이

끝 봄에 한번 외출한 후
살짝 구겨진 채
여름 내내 그대로 방치돼 걸려 있는
긴다리 청바지

햇살 좋은 여름 내내 일광욕 한다며
외출할때 마다 헤헤거리며 촐랑대는
숏다리 반바지 옆에 걸려있다

아 ! 약올라
긴다리 청바지 한숨만 푹푹 쉬고

눈부실 텐데 나 좀 데려가 주지?
너 바람난 거 아냐 ?
누구 만나는데 같이 좀 가자며
숏다리 반바지에 졸라대는
고개 푹 숙인 채 걸려있는 빨강모자

그 옆 걸려있는 잠옷이 신경질적으로
말을 한다
야 !

조용히 좀 하지
잠 좀 자자

깡통 찌그러지는 소리에
미소만 지을 뿐
말없이 쳐다만 보며
힘겨움 참으며 모두를 붙잡고 있는
옷걸이

엄마다

고향에 계신 엄마는 지금 뭘하고 계실까
아프진 말아야 할 텐데

불면중

밤이 아픈가
왜 이리도 불안한지

하얗게 쩔쩔매는 나
이리뒤척 저리뒤척
눈은 뻐근하고 초조함이
쓴맛이다

이럴 줄 알았다면
태양과 실컷 싸웠어야
했는데
했는데

내일은
그래야지
그래야지

이리뒤척 저리뒤척
꾸 뻑
꾸 뻑

눈을 뜨니 아침이다
아픈 까만밤이 숨어든 걸까
까만 커피향이
따스하니 새롭다

아침 졸음이 온다
아침잠엔
아픈밤이 없어 좋다

수록 작품

참을 수 없는

진실 : 순실

밥 : 일상

권 규 하

· 한국서정문학 작가협회 회원
· 2011년 서정문학 시부문 신인문학상

참을 수 없는…

세월이 참 빠릅니다.
그래서 시간을 좀 빌리러 왔습니다.
멀리 걸어왔습니다.
베풀어 주시면
되돌아갈 수도 있을지 모르겠습니다.

앞만 보고 걸어오다 보니
내 남긴 발자국은 앞을 보고 나가는데 걸림돌 뿐이었으며
되돌아갈 수 있는 이정표는 아니었는가 봅니다.
흔적없이 사라졌습니다.

이제야…
우뚝허니 홀로 남은 별을 바라보고 있으니
처량한 모습이 두렵기까지 합니다.

참을 수 없는…
이 눈물이
빌리지 못한 시간과 같이 하염없이 흘러갑니다.

나의 바람같은 청춘아…
나의 파도같은 청춘아…
나의 그리운 어머니, 아버지…

진실 : 순실

하늘이 부끄럽다.
어둑하니 별을 보고 있으면
감춰진 어둠아래 하늘이 부끄럽다.

감춘들 숨겨지랴
동녘의 해는 뜨기 마련이고
먹구름은 흩어져 온데간데 없건만…

'나는 청명한 하늘이오'
'하늘을 보시오'
'구름 한점없는 청명한 하늘이오'
잔상殘像*은 성난바다 위에 남아있는데
하늘만 보라고 하니, 하늘이 부끄럽다.

뒷바람에 이어 출렁이는 성난파도를 보오라
감출 수 없는 진실이 물보라처럼 일어난다.

---

* 잔상殘像 : 지워지지 않는 과거의 모습

밥 : 일상

밥은 먹고다니십니까?
새벽이슬 내린 시큰한 향기가 코 끝에 전해질 때
뇌리를 스치는 하루의 일과가 망막으로 나타난다.
흔들리는 동공을 잡을 새도 없이
부랴부랴 타월 한 장으로 전신을 달래고 나니
시큰한 향기는 온데간데없고 스트러스 스킨향으로 아침밥을 대신한다.

희뿌연 담배연기 가득한 하늘아래
일분일초 찰라의 시간을 즐기기 위해
분주해진 끽연가들의 작은 불씨 향연이 불꽃축제를 연상케한다
종이 커피잔에 수북히 쌓이는 꽁초만큼 푸짐한 점심밥을 대신한다.

달과 별은 아름답다.
언제나 멀찌감치 반겨주는 달과 별이 있어 배가 부르다
일상처럼 오늘도 지나간다.

수록 작품

농게

못

땅콩속의 연가

김관식

- 광주교육대학, 조선대학교 대학원 경영학과, 한국교원대학교 대학원 교육사회학과, 한국방송통신대학교 대학원 문예창작콘텐츠학과 졸업
- 전남일보 신춘문예 문학평론 입상(1976년), 월간 『아동문예』 동시 천료(1979년), 계간 『자유문학』 신인상 시 당선(1998년)
- 동시집: 『토끼 발자국』 외 12권
- 시집: 『가루의 힘』, 『연어의 귀향』, 『민들레꽃 향기』 발간
- 문학평론집: 『현대동시인의 시세계-호남편』, 『한국아동문학의 비평적 탐색』, 『한국현대시인의 시세계』 발간

농게

썰물로 쓰러져간 갯벌 왕국
구멍 뚫린 갯벌 속에서 언제까지 웅크리고 있을 수는 없다.
백제의 장군답게
황발이 피 묻은 집게발을
높이 쳐들고
황량한 황산벌을 향해
말을 달리는 계백의 결사대
밀려드는 밀물 같은
김유신의 군대에 이대로 짓밟힐 수는 없다.
당당하게 맞선 달솔 계백
부글부글 끓어오르는
거품을 분수처럼 분노로 쏟아놓으며
투구와 갑옷이 다 부서지더라도
한 발짝도 물러서지 않겠다.
집게발 같은 단단한 맹세를
끝내 지키고 쓰러진 갯벌은
밀물이 들 때면
흔적도 없어지고
썰물 때마다
계백이 나타나
백제의 멸망을 증언하고 있다.

못

못
박을까요?

상대의 허를 찌른
살인을
정당화하시겠습니까?

피를 흘리지 않았다고요.
둘 사이를
붙여놓았다고요.

죽은 자의 가슴에
못을 박았으니
괜찮다고요.

녹슬어 닿거나
썩어 문드러질 때까지
종신형 판결을 내린
판사님!

남의 가슴에
함부로 못 박지 마세요.

땅콩속의 연가

어찌 떳떳하게 하늘을 볼 수 있겠느냐?
차가운 바닷물에 자식을 보내고
살아 돌아오기를 바라는 실낱같은 소망으로
노란 꽃을 피웠지만

넘어져가는 배 안에 너희들만 두고
살아 돌아온 사람들과
그것을 바라만 봐야 하는 사람들은
모두 너희들을 죽인 죄인들이다.

죽음으로 돌아 온 너희들
아직도 돌아오지 못한 너희들
얼굴 보기가 민망하여
꽃이 떨어지자마자 씨방자루를 길게 뻗어
부끄러운 마음을 땅속에 묻는다.

진도 앞바다
진검으로 팽 당한 그날의 팽목항
땅속 깊이 묻은 땅콩속의 연가
주렁주렁 매달아
부끄러워 꼬투리 속에 숨은 사랑을 전한다.

낙화생이다.
꽃 떨어져 다시 살아난 목숨
해마다 봄이 오면 노란 꽃을 피운다.

꽃이 떨어지면
누에고치 속에 번데기가 되어
땅콩 속의 연가를 부른다.

수록 작품

홍시
누이의 카톡
인연 2

김 동 석

· 서정문학 2015 시부문 신인상
· 한국서정작가협회 회원
· 부산문인협회 회원
· 서정문학 운영위원
· 부산문예대학(사설) 학생회장
· 공저 : 『한국대표서정시선6』, 『초록물결』
· 현) (주)서영 부사장

홍시

어느 날
그녀가 수줍게 얼굴을 붉히며
나에게로 왔다

황금빛 첫사랑의 설레임

고운빛 알몸으로 유혹하더니
티 없이 해맑은 홍조 띤 얼굴로
살며시 다가와 깊은 입맞춤

달콤한 혀의 황홀함

어느새
나의 얼굴에는
붉은 홍시가 열렸다

누이의 카톡

아침 햇살이 창에 부딪히면
누이의 카톡이
아름다운 꽃을 피운다

칠순의 겨울날에
날마다 시화가 되어 날아온다

열아홉 봄날로 돌아가
시인의 날갯짓인가
적적함이 쌓여
그리움의 화신인가

보기만 해도 젊어지는 나무
향기를 맡으면 즐거워지는 꽃
마음이 행복해지는 시를
고운 단풍잎에 실어 보내고 싶다

인연 2

둘이 걷던 고운 꽃길 돌아보니
한 옹큼 피어난 추억
억새꽃 나비 되어
하늬바람에 사라져갑니다

외로움이 살며시 다가오면
푸르름으로 포옹하던 이파리들은
황적빛 단풍비되어 떨어집니다

수많은 인연 중에
그대를 보는 것만으로도
더 없이 좋은 시절이었습니다

꿈같은 시절이 가고
머리에 흰 서리꽃이 핀다 하여도
스치는 인연이 아니길 소망하며
기다림의 푸른 끈을 놓지 않겠습니다

하늘에 모든 별이 사라진다 하여도
단 하나 그대는 나의 별인 까닭입니다

수록 작품

파트너

밀교자의 방

회전문에 갇히다

김 현 희

· 2016 서정문학 50기 등단
· 충남대 국문과 석사 졸업
· 목원대 국문과 박사 재학

파트너

나에게 패배자로 밑줄 그은 너

유리 마음이 금이 가도
공기 조각 같은 미소가 나의 가면
입술은 사시나무를 닮을 수 있다
가위 눌린 침묵이 찻잔의 물을 흔든다

빈 동공으로 인사한다
네가 남긴 송곳 말을 바람에 널어 본다
구멍 난 가슴으로 잿빛 구름이 몰려 든다

매일을 침식하며 생각을 잃은 나
폐쇄된 종점이라
새로운 버스를 기다리지 않는다
가는 다리로 시급의 하루를 버티고
먹물의 노을을 수혈 받는다

고르게 잘린 파이는 광고판에나 붙어 있지
칼날이 다른 너와 나

해동기에 난초 허리 까맣게 꺾이듯

셔터 내린 우리
뫼비우스 띠에 서서

산 자의 눈가에 가랑비가 차갑다

밀교자의 방

굵은 손가락이 지전을 내밀고
복권 한 장 받는다

입꼬리에 번지는 미소
섭식 장애로 물만 넘기는 뇌
커피 믹스로 목을 축이고
신경과의 처방전을 쓰레기통에 버린다
뼈 없는 꽃대처럼
기침에 구부러지는 상체

벽에 붙은 소원 글들
곰팡이가 한 귀퉁이씩 지우고 있다
신경질적인 클랙슨 소리 후
한 발 잃은 고양이가 문틈으로 들어와
화분에 버티는 산세베리아를 뚫어지게 바라본다
갓 싹을 낸 이파리 하나
끊이지 않는 천식에 흔들린다

손을 모으며 복권을 쥔 눈들
비밀한 주름이 퍼진다
점찍은 숫자에 마법을 불어 넣으며

바람처럼 닿지 않는
꿈을 꾸는 밀실

미세먼지 자욱한 하늘에 눈발이 날리는데

회전문에 갇히다

소리와 음영을 없앤다
기린의 목과 다리가 나에겐 길다
일과표를 따라 이동하지 않는다

풀들이 사라진 쪽으로 뒷걸음질해도
사자의 프레임에 걸린다

내가 하는 일은 목도 다리도 짧게 하는 것
공이 되는 것
휘어지며
눈이 나를 보려고 안간힘이다

나를 바꾸는 계획표들
회복력 좋은 웃음기로 아침 신문 냄새가 되라 한다
공증된 소리와 그림자가 되라 한다

건너편 숲이 궁금하지 않다
뒤엔 아무도 없고 앞엔 1킬로마다 강물이 있을 뿐

소문이 있다
내 귀가 세모란다, 내 코가 네모란다.

뿔이 없단다
모래시계의 계곡을 통과하려면
같은 모래알이 되어야 한단다

내가 공의 안쪽이라는 걸
모래의 속이라는 걸
나만 아는 일, 나는 뿔이 없다

시간 내에 도착하라는 숲의 음모를 믿지 않는다
차라리 사자의 이빨에 목숨을 걸겠다

수록 작품

하늘과 구름을 얻다
게 잡이
조개

김 호 천

- 『서정문학』 등단
- 한국서징작가협회 고문
- 서정문학 운영위원
- 광주시인협회 회원, 광주문인협회 회원
- 광주시문학상 작품상 수상(2013.12.16)
- 시집 : 『초원의 반란』

하늘과 구름을 얻다

한 광주리 가득 해마다 홍보석을 주던 석류나무
어느 때부턴가 마음이 토라져버렸다
무성한 잔 잎이 그늘만 키워
아픔 참고 그만 베어내고 말았다.

꽃이 흐드러지게 피던 동백나무
흰 반점이 생기면서 간 아픈 환자처럼 검은빛이다.
약을 해도 성의를 알아주지 않는다.
오랜 세월 정을 접고 몇 가지 남기고 베어버렸다.

사월이면 모란과 함께 피어 마당을 밝혔던
라일락 역시 꽃 피는 것을 잊은 듯
몇 가지만 꽃을 얹고는 잎만 무성하여
한두 가지 남기고는 베어내고 말았다.

앞으로 수년 간은 꽃 보기는 단념해야 할 듯
필 꽃을 볼 수 있을지도 알 수 없는 일.
나무를 베어 꽃을, 열매를, 정을 잃었지만
하늘을 얻고 구름을 얻고 나는 새들을 들였다.

큰 나무들을 베어내자 아! 저것 봐

작은 나무와 풀꽃이 새 움을 트고 있는 것이 아닌가
큰 나무 아래 기를 펴지 못하던 미물들이
보란 듯 새 세계를 만들어내고 있는 것이 아닌가

게 잡이

젊어서 함평군 손불면
모 중학교에 근무하던 시절
일과가 끝나면 해변으로 나갔다.
밀려오는 파도에 하루의 노고를 풀고
가슴 깊이 바다를 마셨다.
노래도 불렀다.

바닷가 뻘에서는
삽으로 뻘을 파서 엎는 사람
긴 쇠꼬챙이를 뻘 구멍에 넣는 사람
모두 게를 잡고 있는 광경이다.
질퍽한 뻘을 파 엎는 일이 보통이 아닐 텐데.
한편은 긴 쇠꼬챙이를 구멍에 넣어
게가 침입자로 알고 물면 끄집어내 잡는다.

질퍽한 뻘을 용을 써서 게를 잡는 일
성실해 보이나 우직하고
얄미울 정도로 약삭빠른 사람은
쇠꼬챙이로 게를 잡는 무리다.
힘들이지 않고 잡아 올린다.

달 뜬 저녁이면 등에 달빛 켜고

게들이 온 뻘을 뒤덮으면 별이 땅에 내려 깔린다.
가지고 간 비로 별을 쓸어 담으면 된다.
바구니에 담긴 별들이 기어 나오면
막대기로 별 바구니를 탁 두들긴다.
밤이 이슥할 때까지 파도 소리와
게 바구니 두드리는 소리가
이중주를 이루어 밤이 깊어 가면
게처럼 나도 별이 되어 돌아오곤 했다.
인생의 삶도
게 잡이와 같다고 생각하면서

조개

굽어진 길 모퉁이 허름한 주점.
술잔을 사이 두고 남녀가 마주앉아
탐색의 눈이 뜨거운데,
주모가 질펀히 앉아 조개를 까고 있다.
무딘 쇠꼬챙이의 손놀림이 예사롭지 않다.
"제가 까 드려요?"
"예? 아, 예!"
"쉽지 않아요. 잘못하면 물려요.
익숙지 않은 사람은
뜨거운 물에 담그면 저절로 열린다오."
"아저씬 어디 가셨어요? 까 달라지."
한 잔씩 걸친 남녀 조개를 사 들고 나간다.
"조개 잘 익혀 까슈? 물리지 않게?"
"예? 아, 예!"
조개 맛 황홀할 밤,
펜션으로 사라지는 남녀.

길 모퉁이 눈을 주며 좋은 때라 술 생각을 한다.
이 남자는 어딜 쏘다니나?
집에 와서 조개나 까 주지.
초승달이 발을 멈추고,
하얗게 웃고 있다.

수록 작품

낙엽
라일락 향기처럼
낙화암

류 금 선

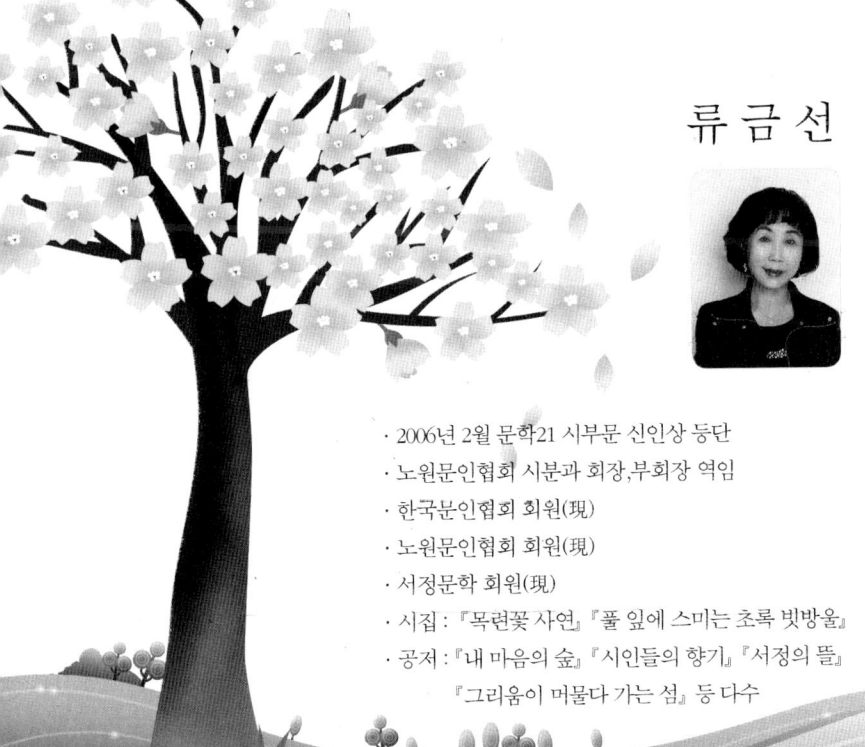

· 2006년 2월 문학21 시부문 신인상 등단
· 노원문인협회 시분과 회장,부회장 역임
· 한국문인협회 회원(現)
· 노원문인협회 회원(現)
· 서정문학 회원(現)
· 시집 : 『목련꽃 사연』『풀 잎에 스미는 초록 빗방울』
· 공저 : 『내 마음의 숲』『시인들의 향기』『서정의 뜰』
  『그리움이 머물다 가는 섬』 등 다수

낙엽

흐느낍니다
바람의 옷을 입고
뒤척이는 몸짓에
무늬진 애태운 사랑

아득한 시간
속살 적시던 그리움
이제 그 무게
허공에 뿌리고
떨어져 나가 앉은 사유
이순의 노을빛입니다.

라일락 향기처럼

은은하고 품위 있는
보랏빛 향기

차마 만져보기조차 조심스런
웃음으로 다가온
주렁 주렁 향기 주머니
부끄럼 없이 나를 열어 보인 만큼
사랑하고 싶구나

삶은 가끔 열병으로 앓아누워도
세상을 밝혀주는
그대 영혼의 향기를 기억하며
견딜 수 있음을 배운다

이내 몸
작은 가슴에다 꽃씨 하나 심고
진솔한 마음 하나로
고운 향기 피워낼 수 있다면
선 채로 나무가 되어도 좋겠다.

낙화암

4월의 햇살로 찾아본
백제의 역사가 흐르는 백마강
멸망의 한을 간직하고 있는 그곳

궁금했던 마음
눈으로 찍어놓고
몸소 체험하듯
백제의 궁녀가 되어
낙화암에 서 보니
흘러가는 물과 그 물빛을 사랑하기엔
벼랑이 너무 높다

궁녀들을 위로하기 위해 지었다는 고란사
줄줄이 걸린 수많은 오색등이
그들의 넋을 달래줄 수 있을까
햇살에 부딪쳐 오는
백제의 혼이 물빛으로 빛나고 있다.

수록 작품

시큼한 날

하얀 바다

마음이 바다보다 깊은 이유

박 동 환

· S-oil(주) 근무
· 울산공단문학회 사무국장
  서정문학 시부문 등단

시큼한 날

시큼한 김치를 먹은 것처럼
감정이 북받치는 날이 있다
어느새 한낮 온도가 뚝 떨어져
여린 발가락이 시리고
창밖은 슬픈 백색의 눈이 내린다
처마 끝으로 뾰족한 고드름이 자라고
고드름에 찔린 눈이 눈물을
뚝뚝 흘리며 고해 성사를 하듯
아래에서 무릎을 꿇고 손을 모은다
하늘을 가린 먹장구름은
따뜻한 햇볕을 먹고는
배가 아픈 듯 토해내는데
날리는 심보에 싸라기눈이 된다
차갑게 얼어붙은 집 마당에
죽은 자의 관처럼 누워있는
장독대에서 알싸하게 익어가는
저 비린 내장을 꺼내는 날이 있다

하얀 바다

하얀 바다를 본 적 있는가?
바다도 잊고 싶을 때
하얗게 백지가 된다
수많은 사람이 힘들고 지칠 때
바다에서 술을 마시고 속을 비운다
바다는 근심, 걱정, 아픈 기억을
그럴 때마다 집어삼키고
불면의 밤을 며칠이고 지샌다
그러다 하얗게 잊어버린다
사람의 바다도 그럴 것이다
잊기 위해 불이 꺼지지 않는
그 밤 누군가 하얗게 지새우고
하얗게 아침을 맞을 것이다

마음이 바다보다 깊은 이유

바다가 하늘보다 짙은 이유는
하늘의 빛이 흘러서
바다에 고였기 때문이다

바닷물이 강물보다 짠 이유는
슬픈 사람들의 눈물이 강을 흘러
바다에 모였기 때문이다

마음이 바다보다 깊은 이유는
사랑하는 사람 생각으로
마음을 퍼내어 끝이 없기 때문이다

수록 작품

어승생오름

흔적

곶자왈에 서면

박 상 배

· 서정문학 시부문 등단
· 한국서정작가협회 회원
· 전)제주특별자치도청 서기관

어승생오름

시간 붙들린 아침이
격렬한 몸부림의 떨림으로 달려와
어둠 걷어낸 입술로 태양을 마신다

초록으로 덧칠된 길을 내어
태고의 손길로 빚어낸 수고로움이
가혹한 역사의 운명을 뒤로한 채
속세의 소음 간섭받지 않은
한적한 일탈을 허락한 손님 맞기 바쁘고

새 생명을 잉태한 바위와 고목이
깊은 사랑의 수렁에 빠져
다정스런 눈길로 모진 세월 이겨낸
오름 허리 감싸 안을 때

마음에 작은 창 하나 내어
부서지는 생각의 편린들을 떠나보내며
잘 차려진 자양분에 몸을 키워
기도처럼 엎드린 나절이면
정조대왕의 애마 울음소리 찾아
궤적 밟는 낮달이 거친 숨을 고른다

흔적

신록의 뒤안길 채색 짙은
거친 숨소리 멎은 잎사귀마다
오곡백과 영그는 재 너머

조용하고 쾌적한 풍요로움에
지친 가슴 한 켠 맡기려는 찰나

성마른 풀벌레 울음소리 처량하게
아름다운 무지개 꿈 지우던 날

안타까움 엮는 시간에 기댄 채
저린 아픔의 기억 지우려는
낯선 공기 가슴에 와 안기고

민틋한 지평선 너머 기우는
가늘어진 햇살 어리광으로 다가와
하루의 시름을 갈무리 할 때

편견과 무질서 가득한 닫힌 창가엔
쉼 없이 무리지어 달려드는
유린된 일상의 부끄러운 소문들

곶자왈에 서면

햇볕 깨고 바람 가르며
뭇 생명들이 무리지어 몸 비트는
용암이 쓸고 간 얼룩진 행간

속절없이 억압받던 삶의 여백

반쪽 부절을 목마르게 찾던
닫힌 가슴 내어 세속의 때를 벗고

숲이 허락한 푸른 상념 보듬던
기억 저편에 조심스레 내린 햇살이
삶의 넋두리 껴안은 조각들을 채근하는

신비스런 속살 드러낸
쇄락의 피안에 서면
마성처럼 숲 향 번질 때마다
방황하던 삿된 마음 길 잃고
사념만 길게 웃자란 속내 드러내어

흐트러진 내면의 아픔을 보듬고
짓누르던 번뇌는 미소를 품는다

수록 작품

젊음이여
꽃 2016 여름
연등

박 성 순

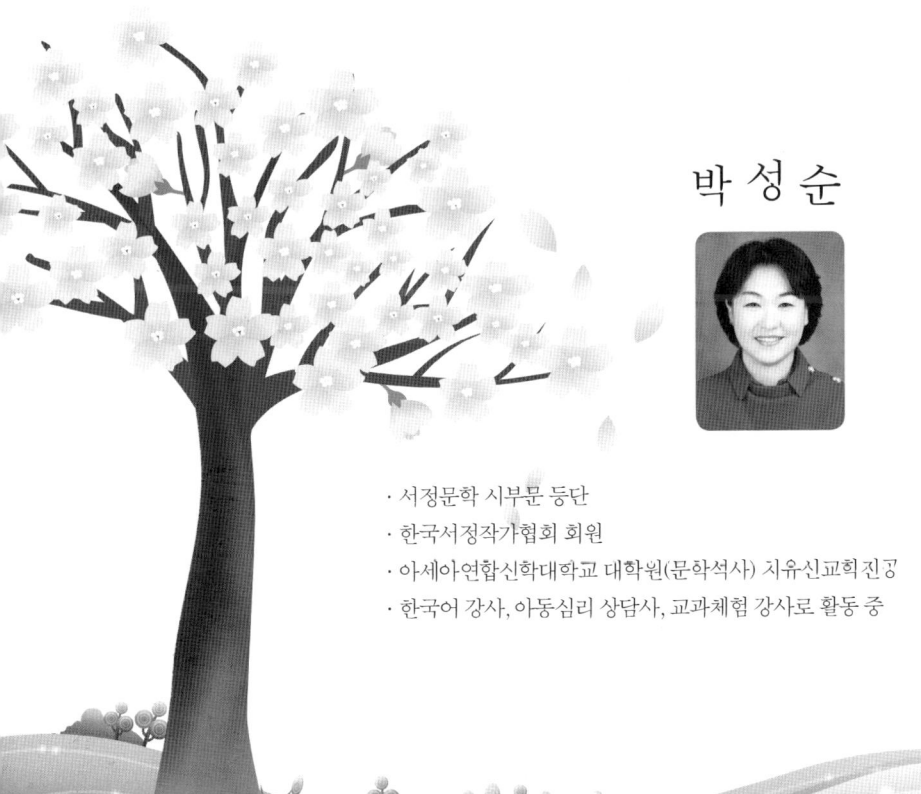

· 서정문학 시부문 등단
· 한국서정작가협회 회원
· 아세아연합신학대학교 대학원(문학석사) 치유신교학전공
· 한국어 강사, 아동심리 상담사, 교과체험 강사로 활동 중

젊음이여

네가 그리도 아름답더냐!
네가 그리도 당당하더냐!
그러나 네가 알지 못하는
우리가 걸어온 길이 있다.
우리끼리만 통하는 무언가가 우리에겐 있는 거다.

많이 비웃어도 좋다.
네게 없는 빛나는 날들이 우리를 얼마나 눈부시게 했던지
넌 그 어느 한쪽도 없다는 걸.
우리는 그런 역사 한쪽을 껴안아 감쌌던 불덩이 같은 사랑이 있다.
우리는 무엇과도 바꾸고 싶지 않은 연탄재 위의 따스함이 있다.

샌드위치나 먹은 네가 알것이냐 어림도 없는 소리.
네가 모르는 간이역의 그 미지근한 우동 맛을
춘천을 아우러 강촌을 타고 내려온 북한강의 그 설움을 알랴
우리는 다시는 네게도 돌아가지 않으련다.
아니 그저 그 두 길로 나 있던 여름날의 철도 길처럼
난 거기에서 사랑하련다.
난 거기에서 작렬하련다.

젊음이여

넌 말하려느냐 사랑한다고, 좋아한다고
우리는 입 밖에도 내지 않으련다.
우리가 얼마나 간절히 원했다는 것을
그러나 여기까지 함께 왔다는 것을
사랑했기에, 소중했기에 마주하며 예까지 왔음으로.

대륙을 넘어, 사랑과 우정을 넘어
길고 긴 세월을 너울너울 춤추며 달려온 이 길을
난 사랑하련다 끝까지 가련다.

젊음이여
샌드위치나 제 혼자서 먹는 너여.
네 길을 가라
이미 지나온 동지들의 미소를 지나 넌 가라 네 길을 가라.

꽃 2016 여름

여름 한낮 땡볕
연남동 붉은 벽돌집 골목을 걷는다.
바람 한 점 없다.

찾는 이 없는 한적한 계단 몇 칸.
보란 듯이 붉게 물들어
고개를 한참이나 내밀고 있다.
웃는다. 헐!

손을 길게 쭉 뻗는다. 쓰 --- ㄱ

손을 잡아끌어 들이 듯 보라 한다.
헉! 심쿵이다.

마음을 빼앗긴 동승이 되어
그만------
쏙 ------.

연등

붉게 물들인 마음을 담아
성 베드로 성당을 기어올라
깨알 같은 소망을 있는 힘을 다해 고리에 걸어 하늘에 못질을 한다.

어느 하루는 죽음처럼 차가웠다.
어느 하루는 마포구 사거리 테라펠리스였고,
어느 하루는 길가의 부실공사 흔적 같은 아스팔트가루였다.
쓰러질 것 같았다.
그 하루하루,
아침마다의 은밀한 메신저는 차가운 죽음을 이겨내고
멀고 먼 희망의 오로라는 굳게 닫힌 산성도 허물었다.

이제는 밤하늘의 병풍 같은 별 하나 하나,
언제나 그 시간, 그 자리
인생의 허기를 컹컹이며 알려주던 개밥바라기.

오늘도
밤하늘 총총히 이야기별을 찾아
빨주노초파남보 뽀얀 연등불을 밝혀 본다.

가장 까만 밤에 가장 밝게 비추는 그 별을 꿈꾼다.

수록 작품

가을비
하얀 손수건
마장단

박 순 옥

· 경남 고성 출생
· 주부
· 서정문학 시부문 신인상
· 한국서정작가협회 회원

가을비

시월의 아름다운 가을이 가고 있습니다
구름이 만든 하얀 꽃가마 타고
내 마음도 비가 되어 내립니다

시월의 아름다운 가을 속에
꽃비가 내립니다
아픔과 슬픔이 비에 젖어
그대 사랑 껴안고 내립니다

그대 어디 있나요?
떨어지는 빗소리뿐
너무 멀리 있나 봅니다

쪼그리고 앉아
흐르는 빗물 위에
낙엽 한 잎 띄워 내 마음을 전해야겠습니다

흔들리고 있는 그대 마음
붙잡을 수 있도록

하얀 손수건

눈물이 날 것 같은
아름다운 가을이 찾아와
삶에 창문으로 내 마음을 노크한다

가을엔 우리 서로 아프지 말자던
친구의 안부 문자
마음 한쪽 부분을 짓누르며
왜 이렇게 서러운 가을로 만들까

세월이 나에게 준 메시지
해야 너는 알고 있니?
구름아 너는 알고 있겠지

시간의 끝에 매달려
지난날 그리움을 황혼처럼 풀어놓고
어디론가 떠나고 싶다
발길 닿는 곳
마음이 이끄는 곳으로

억새들은 또 왜 저리도 많은
하얀 손수건을 만들어 흔들고 있는지

다 잊고
모든 순간이 꽃처럼 피어나는
하루가 되고 싶다
하늘빛 맑은 가을날 오후처럼.

마장단

나는야
꿈을 꾸는 마장단 사나이
달려라
더 높은 하늘
가을빛 산발한 오후
너와 나 한 몸 되어 펼치는 마술

나는야
달리는 마장단 사나이
9월의
아픈 구름 누운 자리 아래
고단한 나의 몸
박수 소리에 가벼워진다

나는야
용기 있는 마장단 사나이
간밤에 맞이한 새색시 볼처럼
보는 이들의 애간장 녹을 때쯤
연출 하는 감동의 드라마 한편

수록 작품

우이천을 거닐며

공소시효 없는 집행유예의 삶

바람도 눈물로 울까

박 채 선

· 한국미소문학 시부문 등단
· 시와수상문학 작가회 정회원
· 서정문학 시부문 신인상
· 한국서정작가협회 회원
· 서정문학 운영위원
· 동인 시집 : 『세발자전거로 가 보는 사람세상』
· 시집 : 『하늘빛 연가』

공소시효 없는 집행유예의 삶

바람을 잡으려는 그물망에
미련은 너울거리고 흘러내리지 못한
뜨거운 눈물 세월은 나를 짓밟고 가는데
바람에도 양형量刑은 존재하는가

서글프고 버거운 삶의 틈새에도
덮어두지 못한 마음
지나온 삶의 길목마다 눈물 고이는 가슴
질곡의 시간은 형벌刑罰로 와 닿는다.

찢어진 아픔을 기억해야 하는 날들
피멍든 아린 가슴 무심으로 돌아서
바람 따라 삼켜진 형량은
삶의 집행유예執行猶豫다

세월의 갈피마다 접어둔 마음
장승처럼 서 있는 회한들
소멸하지 않는 공소시효公訴時效에
젖은 연민이 애처롭다

바람도 눈물로 울까

맨 가슴 풀어헤쳐 하늘로 열어놓고
곰삭은 묵언 되새김하며
입술이 심장이 마르고 닳도록 되뇌어야
길이 아닌 길을 발 없이 갈 수 있을까

한 눈 감고 보는 바늘귀 밖 세상
숨어 우는 바람 소리 길게 꿰어
헤어진 가슴 하늘에다 깁는다.
올무도 막지 못하는 통증이 도져온다

숫돌에 낫 날 세워 베어 넘긴 모진 세월
별 내린 언덕에 오르면
길들이 사라진 거기에 바람도 강물 따라
긴 그림자의 아픔을 되새김질한다

수록 작품

못갖춘마디

40대의 마지막 가을과 겨울

아집我執

박 태 건

· 서정문학 시부문 신인상
· 서정문학 운영위원

못갖춘마디

용태야
학교에 갈 수 없어,
노트 빌려 줘
살피고 살핀다.

이렇게
저렇게
시도하여
새로운 길을
찾아 가는 중
용태(容態)가 퍽 좋다

40대의 마지막 가을과 겨울

계절도 계절이거니
40대의 마지막 가을과 겨울
그 느낌이 새롭다

만남도 불현 듯 찾아오고
헤어짐도 소리 없이 간다.
그럴 줄 알았더라면
후회를 남기지 말아야 한다.

작년의 그 나무, 그 단풍
올해의 그 단풍이 아니듯
짧은 꿈을 꾼 듯,
새로운 아침에 눈을 떠보니
그 세상의 그 단풍이 아니었다.

안녕이라고
인사 할 시간도 없이
안녕을 고할 수도 없으니
날마다, 날마다
거울을 보면서
당신을 보면서

고맙습니다.
감사합니다.
행복하세요. 라고
인사에 인사를 한다.

사십대의 마지막
가을과 겨울
맞으며, 보내며

그대 잘 가라

아집我執

해거름녘
지친 몸을 이끌고
나는 집으로 돌아와
발 뻗고 쉰다.

바람의 날굿이에
나무만 북이 되고
상처를 가슴에 안으며
집으로 돌아온다.

바람이 따라와
자꾸만 흔들어도
쓴웃음 지으며
집으로 돌아온다.

삼한사온三寒四溫 같은
변화의 얼굴에
조금씩 문을 열어두면
아집我執이
아집娥執이 된다.

수록 작품

글이 무거울까요

꽃게탕

늙은 호박 깎기

방극률

- 2001년 『문예사조』 시 등단
- 2011년 『수필시대』 수필 등단
- 현) 서정문학 운영위원
- 현) 한국문인협회 회원
- 현) 한국서정작가협회 부회장
- 시집: 『꽃으로 피어 사는 동안은』 외 3집

글이 무거울까요

펜으로 수첩에 글을 쓴다
쓰다 보니 백 오십권이 넘었다
펜이 손을 지배했고
손이 영혼을 지배했나?
쌓인 작은 수첩들
서재가 무겁다며 아우성이니
빼내버렸다
뭣 땜시 썼는지 모른 글들이니
서재보다는 수첩들에게 미안하여
보자기에 싸서 커밍아웃이다
창고에 넣어두었다
글이 말하길
수첩이 무거운거지
글이 무거울까요?
바보도 안다
시집, 소설, 수필, 잡지, 원고…
글이 무겁겠나?

꽃게탕

꽃게탕을 먹으려고
일행 넷이서 앉았다
철이 철인 만큼
먹는 이들
이 상, 저 상에
게 다리보다 긴 다리를 개고 앉아
게 다리를 잡는다
4만 원짜리 꽃게탕을
내 앞 사람, 옆에 두 사람
잘도 잘라서 먹는다
파 먹고 헤집어서 먹고
빈그릇 되었다
난, 100원 어치 먹은 뒷맛이다.

늙은 호박 깎기

이웃이 준 늙은 호박을
자르고 깎아보았다
평소 보아온
볼록한 호박 꽃무늬는
매끈하지 않아
울퉁불퉁 하니
별종의 늙은 호박을 만났다
칼로 겉껍질 긁어내기는
여간 힘들기가 아니다
굵은 호박씨도
제법 골라내었다
이것이 정말 토종씨인지
별종의 늙은 호박이 다시 태어나는지
고향 집, 담장 아래에 심어 봐야겠다.

수록 작품

못 다한 사랑 글

사랑의 약자여

아시나요 그때를

서 귀 례

- · 30대 한복집 운영
- · 40대 피혁회사 운영
- · 서정문학 시부문 신인상 수상
- · 한국서정작가협회 회원 · 서정문학 운영위원

사랑의 약자여

산 너울 구름 바람이 일듯
서산에 걸친 햇살로
출렁이는 바다 빛 여운을 남긴다.

빈 조개 껍질 모래밭에
그리움을 그려놓고
밀려오는 성난 파도
작은 섬을 만든다.

구멍 뚫린 가슴 얼룩진 추억
허기진 그리움 세월만 가고
기다림에 가슴 절려놓고
석양빛 아래로 실음만 동한다.

작달비 내리는 초원에
서글픈 저녁노을 가을빛 물들어
홀로선 고목나무 쓸쓸한 그림자
외로움 밀어 올린다.

후원에 깔린 시린 달빛
심야의 서러움 가슴 찌르고

아스라이 멀어지는 그리움은
헝클어진 세월로 마음만 녹는다.

한발 앞서간 육신 뒤로
오롯한 열매로 내일을 그리던
사랑에 찬 군살을 털어 내던
범 남하는 세월로 지고 있더라.

아시나요 그때를

펄럭이는 추억의 그림자
시선 끝에 펼쳐진 상상의 행복
기억된 그림자 여울져가는
보고픔의 슬픔에 젖는다.

아직도 생생한 기억들이
강한 파도물살을 일 듯
마음의 모진 세월 앞에
사랑의 멍울 꽃이 피고 있다.

한때나마 마음 준 사랑
물결로 침몰하여 무너지고
대신 채울 수 없는 빈자리는
그냥 지나는 바람이었다.

터질듯 목을 탄 통증으로
나와의 거리만큼 뒤로 물러나
끝없는 푸른 물결을 타고
지배한 세상 조각난 파편 조각들.

인자의 밝은 빛 가슴에 담아

비탈진 산야에 황혼이 지면
풋사랑 짧은 밤이 너무 야속해
사랑은 그리움에 녹고 녹는다.

수록 작품

솔잎이 꺾이다

바닷가의 추억

착오

서 승 원

· 충남 당진 출생 육군장교전역
· 2015년 서정문학 시부문 신인상
· 한국서정작가협회 회원
· 2016년 한국신춘문예 신인상
· 2016년 다솔문학 『초록물결』 동인지 공저
· 2016년 이채시인 동인지 창간호 『시가 있는 아침』 공저

솔잎이 꺾이다

솔잎 가지에 하얀 서리꽃
산들바람에 창살 들어낸 비지땀이 송알송알 푸르게 오른다
아지랑이가 피어오르지 못한 옹이가
송진으로 짓무른다
송홧가루 흩날리어 저 먼 곳으로 가니
혈연의 그리움에 고개 떨군 솔가지가 아른거린다
붉게 타오르던 태양 노을속에 잠기고
별들이 부추꽃처럼 반짝거리며 내린다

보름달의 둥글고 환한 얼굴
아른거리는 달빛에 넋이 나간 맥
혈기가 넉넉한 마음으로 잡아당긴다.
혈육이 드러누운 푸른 잔디의 봉분에
솔가지 꺾어 한 몸 엎드려 세배할 때
푸른 솔의 절개도 병풍 속에 채색되어
눈물을 훔치고 손꼽아 볼 날 기다린다

밤을 지새운 달이 돌아선 가슴으로 기울어
멍울만 남기고 지구의 궤도 도는데
솔가지에 비친 내 얼굴이
달밤의 휘영으로 떠오른다

착오

고개 흔들고 가는 개울
돌 틈으로 지나가 가슴에 흔적 쓸어담고
구멍 속에 찾아온 맑은 물 채우려
뻥 뚫린 공명으로 관대하다

땀방울도 미루다 견디지 못해
아래로 적시고 아쉬워 늘어진 삶
우후죽순 늘어난 현줄 당겨 흔들어 보고
제자리로 돌아가 음계 잠시 두드리다

하울링으로 보낸 울림의 사계
봄이면 집 앞의 새싹으로 일어나서
여름이면 굽어진 냇가에 파동치다
가을이면 대롱대롱 매달린 열매의 끈을 동여매
겨울이면 춥다고 떨어도
바람의 틈바구니에서 여문다

흘러간 물은 밀어 지나갔을 뿐
눈에 마주친 기다림에 머리 쑥 내밀어
비구름이 대지에 눈물 흘리다
자연과 환경의 세력에 동화하는 착오
흔들리는 꽃이 핀다

수록 작품

달팽이
낡은 주전자
가을 단상

안 영 호

- ·한국서정작가협회 회원
- ·계간 에세이문예작가회 회원
- ·시집 : 『머물고 싶은 세월』 『세상살이 엿듣기』 『우리 꽃 야생화 잔치』
- ·수필 : 『가르치며 배우고 배우면서 가르치고』
- ·자서전 : 『CEO 출발에서 마무리까지』

달팽이

부처 얼굴을 한
달팽이가
그 몸 그대로
자고 일어난다.

뿔 하나는 길고
하나는 짧은
우스꽝스런
달팽아!

뭉그적거린 몸매에
볼품없는 안테나로
무슨 정보를 수집하겠다고
그리도 심각한
표정을 하고 있니

낡은 주전자

애주가를 만날 때마다
얼마나 퍼주었기에
저렇게도 모질게
입이 다 헐었을까?

마지못해 끌려 다닌
애처로운 손잡이가
찌그러진 몸통에
위태롭게 붙어있다.

그동안 함께한
지난 삶을 회상하면서
눈물로 사연을 말하며
세월은 주름살로 응답한다.

가을 단상

고독한 숲속
단풍잎들이 쓴
나무의 유서

그리움이 짙어
각질을 벗겨내며
마음을 비우자

작은 소리에도
왈칵 눈물이 쏟아져
가슴이 설레고

국화차를 우려내면서
단풍잎으로 시를 써
책갈피에 남기면서

때론 깊은 상념에 빠져
허우적대는 그리움에
잠을 지새운다.

수록 작품

달빛 얼굴

소의 눈물

어머니의 눈물

오 광 진

- (사)한국문학 작가회 신인상
- 열린 동해문학 2016년도 작가상
- (사)한국 문학 작가회 정회원, 다솔문하밴드회원, 들꽃문학회회원
- 열린 동해문학회 회원, 충남일보 기고 작가, 파란풍경마을 필자
- 공저 : 꾼과 쟁이7, 나들목의 향기, 내 마음의 풍금소리.

어머니의 눈물

밤새 우셨나 보다
까만 밤이 하얗게 변해
쉬지 않고 흐르네

무엇이 그토록 아픔이기에
밤을 새우셨는가

오랜 세월 기다림
반가운 마음 다 나누기도 전에
이젠 헤어져야 하는 시간

어머니는
밤새 대지를 적시었다

톡톡
언제 볼 수 있는가의 아픔
톡톡
또다시 기다림의 고통
투둑
자식의 안녕을 기원하는 걱정에
어머니는
까만 밤을 하얗게 물들이네

밤새워 흐르는 빗물
자식 걱정하는
연로하신 어머님 이마엔
또 한 줄 훈장을 새긴다.

수록 작품

시를 노래하는 이유

풍경을 그리다

행복이란 어쩌면

오 세 주

· 월간 한맥문학 2010년 신인상 수상 시부문
· 월간 시사문단 (그림과 책) 2010년 신인상 수상 동시부문
· 한국문인협회 시분과 위원 · 이천문인협회 사무차장
· 시집 : 『아내가 웃고있다』 2016. 2월
· 서정문학 운영위원 · 다솔문학 동인지(초록물결)회원

시를 노래하는 이유

그리워하지 않는다
기뻐하지도 않는다
다만
내면을 드리우는 상념이 나를 깨운다
조잘거리는 참새의 입방아도
이른 새벽 소식을 떠는 까치도
나무 타기를 즐기는 새끼 고양이들 재롱도
낯설지 않음은 무슨 이유일까
시란 그런 것이다
나를 알아가는 길이다
아프리카 초원을 누비는 사자처럼
마음으로 울부짖는 소리이다
시가 좋아서 밤을 지새우고
인생을 노래하고파 새벽을 기다린다
드러내지 않아도 기뻐할 수 있는
한 줄 두 줄 써 내려가는 마법이다
공감과 소통으로 시를 열어본다
나만의 힐링으로 눈을 들어 바라본다
대지를 적시는 촉촉한 빗물처럼
매일 되고를 거듭하며 울고 웃다가
시를 노래하고 있는지도 모른다

풍경을 그리다

홀로 걷는다
홀로가 아닌 길을
초목이 우거진 길 사이로
바다가 보이는
적막한 늦더위보다
가슴 트이는 그곳

파란 하늘 소원을 들어
주저리 외치다가
아로새긴 풍경 하나에 감동하고 마는
자연을 노래하고픈
시인의 마음

바다를 부를까
산을 부를까
노래하다 만나는 사람들
생선 비릿 냄새
향기로 다가오고
그대로 받아들이는 감성처럼

바다는 오라 하고

쉬었다 가라 하지
마음마다 풍경 속 스케치로
세월을 저울질하다
오늘도 주인공 되어 본다.

행복이란 어쩌면

행복이란 어쩌면
존재의 이유인지도 모르겠습니다
태초에 나를 지으신
무엇이기에 나를 사랑하신
그분을 알기에 오늘도
행복자가 되어 있는지도 모르겠습니다

입을 열어 감사라는 단어를
귀를 열어 기쁨이라는 소리를
손을 들어 소망이라는 은혜를
머리를 숙여 사랑이라는 기도를
매일처럼 되지는 않더라도
가끔은 기억하는 시간이 있다면

난 행복을 알아가는 사람입니다
기뻐 자연에 소리를 듣는 사람입니다
환경을 탓하지 않아도 다가 서고자
준비하는 선견자처럼
일상에 겨워 전하는 사람입니다
복된 소식을 드리우는

행복이란 어쩌면
아주 소소한 무언가를 그리며
미래를 기다리는 사람입니다
마음 중심에서 경외하는
놀라운 비밀을 기억하는 사람입니다
오늘도 내일도.

수록 작품

가을비
가을의 감나무
가을의 인사

옥 혜 민

· 조선대학교 국어국문학과 졸업
· 서정문학 16기 시부문 신인상
· 한국서정작가협회 회원

가을비

가을비가 내리면
그동안의 곡식들이
더욱 잘 자라난다.

가을비가 내리면
고요하던 내마음으로
시집을 읽으며 보내는

가을비가 내리면
행복이 자라나고
마음에 시원한 바람이 분다.

가을비가 내리면
 일하시던농부들
 가을 바람에 땀을 닦는다.

가을비가 내리면
단풍과 조화롭게
마음속에 스며든다.

가을비가 내리면

스산한 가을의
모습들이 정겹다.

가을의 감나무

감나무에 가을이 머무르면
감나무에 감이 주렁주렁
열리어 그 모습 참 정이 간다.

감나무에 가을이 머무르면
감나무에 주렁주렁 행복이
열리어 내 마음이 기쁘다.

감나무에 가을이 머무르면
감나무에 주렁주렁 인사가
열리어 이웃과 감을 나누어 먹는다.

감나무에 가을이 머무르면
감나무에 까치가 날아들어
복을 가져다 준다.

감나무에 가을이 머무르면
감나무에 행복의 소식들이
가을바람 타고 머무른다.

감나무에 가을이 머무르면

감나무에 이웃들의 정다운
웃음가득한 모습이 머무른다.

감나무에 가을이 머무르면
감나무에 주황빛 가을바람
우리의 마음을 시원하게 해준다.

가을의 인사

가을이 반갑게 인사하며
시원한 바람이 내 마음에
불어온다.

가을이 반갑게 인사하면
단풍잎을 보며 행복해진다.

행복은 사람마다
기준이 다르겠지만,

좋은생각을 떠올리는
사람은 행복할 수 있다.

가을이 반갑게 인사하면
내 마음도 반가워 손짓한다.

무더운 여름 지나가고
가을이 반갑게 인사하면

내 마음에도 행복의
꽃이 피어난다.

좋은 마음이 자라난다.
기쁨이 피어난다.

수록 작품

엄마와 양귀비

커피 물고기

내 숲으로 가자

윤 혜 령

- 『미래시학』, 『문장 21』 시부문 등단
- 『Five Willows Poetry』에 영시 Idol Star, Walking 발표
- 영어 강좌 및 영시 번역
- 『엄마와 양귀비』 시집 출간

엄마와 양귀비

칼날 같던 통증
온몸을 찌르고
고고하던 붉은 빛 자태
한 모금 휘감아
꽃잎으로 떨구었구나.

고통은 오롯이
존재의 새벽녘 하루
장독대 뒤 켠
고고한 한 송이
따스한 새벽으로 마주하고

외로이 흐르던
정맥을 찢기는 통증
그날의 아픔 담아
처연한 붉은 사랑
양귀비로 피어난 것이냐

커피 물고기

내 머리 속에는
물고기가 살아 숨 쉰다
한 마리는 모카
또 한 마리는 마끼아또
다른 한 마리는 라떼

한밤 잠들지 못하고
팔딱팔딱
새벽녘까지 두뇌 싸움
마끼아또 승
물고기의 과학적 근거는
아직도 유효

그렇게 내 새벽은
심장소리 쿵쾅거리며
세 마리 물고기와 함께
하얗게 밝았다.

잔인한 눈뜬 아침이 온다.

내 숲으로 가자

두 해 하고도 두 달
그리고 이틀이나 더
내 숲에 머물렀다. 그는

내 숲 오두막에는
달랑 의자 하나, 책상 하나
그는 그의 언어로 편지를 쓰고
나는 그의 언어로 편지를 쓴다.

느지막한 오후 산책로
종달새 지저귀는 소리
숲 가장자리 호수에서
들려오는 바람 소리에도
따사로운 그의 언어가
아름드리 물든다.

2년 2개월 2일이 지나
그는 말없이 떠나고
내 숲에는 덩그마니
낡은 책상 하나, 의자 하나
한때 그의 언어였던

내 숲은 시들어간다.

이제
종달새 지저귀는 길
호숫가 숲에서 울리는
바람소리에도
엄마의 속삭임 깃든
모국어가 숨쉬는
엄마의 땅 내 숲으로 가자.

수록 작품

생인 손가락

풋사과

담쟁이덩굴

이경미

· 경남 밀양 출생
· 다솔문학 회원
· 서정문학 시부문, 동시부문 시인상
· 초록물결 동인지

생인 손가락

선체 사업하다
부도 맞은 둘째
눈꽃이 폭우처럼 쏟아지던 밤
자취를 감추고

돈독 오른 사채업자에게
새끼 키워낸 둥지까지
강탈당한 어머닌
한동안
죽은 고목이 되셨습니다

젖은 풀잎 같은 목청으로
곪아버린 그리움
생살을 도려내듯

내 새끼 돌려 주이소
내 새끼 돌려 주이소

맵찬 눈보라
문고리 시리게 덜컹거린 날
동짓달 찬 바람 껴안은
어머니

풋사과

풋사과
잘랐더니
당신 맘 내 맘이
한 치 오차도 없이
서로를 바라보며
여물고 있었어

무수한
별이 뜨고
달이 차오른 밤
깊디깊은 사랑
달이고 달였나 봐

씨앗조차
비틀거리지 않게
꽉 물은
당신과 나

담쟁이덩굴

크고 넓은 담벼락
외로운 사랑
기어이 품고야 말겠소

가녀린 혈관
붉은 손 겹겹이 내밀어
하루 한 뼘 기어오를

난 담쟁이덩굴
당신은 벽

회색빛 도도한 어깨 위
화르르 타오를 마지막 연가

바람처럼 머물다 갈 사랑이어도
품고야 말겠소

수록 작품

살다보면

일기예보

겨울, 차 안에서

이 소 영

· 서울출생
· 서정문학 52기 시부문 등단
· 기업인

살다보면

살다보면 어느새 밤

은하가 흐르고
저만치 가리키는 손 끝에서
당신의 눈물이 모이고

눈물이 또 다시 은하가 되어
우리의 시간을 따라 흐르면

그 밤은 짧고
밤보다 꿈이 길어 서러운
환영幻影이어라

일기예보

오늘밤 천안의 기상예보는
새벽까지 맑은 별빛
눈물 강수확률 51%
심장의 습도 80%
그리움 풍속이 2m/s로 잔잔하게 불고
아침이 올때까지 시월의 장미가
밤새 향기로울 것으로 예상됩니다

겨울, 차 안에서

차가운 눈비가 내린다
발에 채이는 것은 온통 젖은 것들

차 안 가득 팽창하는 음악에
영혼을 무장해제 하면
금새 안전밸트를 풀어헤치고
달려드는
그리움

수록 작품

11월

바위에 넘어지지 않다

외가 가는 길

이 영 숙

· 서울 한양대 영문과(졸)
· 다솔 문학 회원
· 서정문학 시부문 신인상
· 서정문학 운영위원

11월

겨울 태생인 나는
11월이 좋다

정신마저 찡한 그 시림을
향해가는 달

겨울을 이끄는
전령의 달

자신을 온전히 내어주기 시작하는
나무들에게서
느껴지는 숭고함

시월과는
확연히 다른
겨울의 초입 11월에
더 머물고 싶다

바위에 넘어지지 않다

돌부리에는 걸려도
바위에는 걸리지 않는다

고르지 못한
말의 부리는
가슴을 찌른다

말에 바위의
무게를 얹으면
그 무게 만큼
생각이 깊어지는 것

눈에 보이지 않는 말이
돌부리처럼 나뒹굴다
몸도 마음도
무너지게 한다

외가 가는 길

사십여 년 만에
외가에 간다

골짜기마다
오솔길마다
들꽃 흐드러지고
풀 향기 싱그럽게
속삭여 주던 길

가을날
고추잠자리 고요히 비행하고
봄 논물에
소금쟁이 장단 맞추며
반기던 곳

지금은
낯선 도로
낯선 얼굴들

오백 년 된 느티나무만
여전히 반가워한다

수록 작품

들꽃이면 좋겠다

이별 같은 그림

이 가을에

이정님

· 월간 『시조 생활』 등단
· 서울 1,000년 타임캡슐에 첫 시집 어머님의 물레 수록
· 정부주관 통일 글짓기에서 통일 문학상
· 저서 : 『어머님의 물레』 외 30권
· 실버넷뉴스 기자

들꽃이면 좋겠다

네 옷에 붙은 검불을 털어줄 때
손끝에 묻어난 향기로
가을은 영글고
문신 툭툭 갈라진 상처 위에는
바람 몇 점 엎드려 있었지

멀리 가던 벌 나비들의 촉수가
가까스로 지난날을 더듬으면
한 폭의 구도 속으로
늦게 도착한 햇살이 찢어진다

자꾸만 우겨 넣는 오후의
손가락 끝 마디 마디
결코 슬퍼서는 안 되는 너와
반드시 슬퍼야 하는 나는
마주 피었다 함께 시들어도 좋을
들꽃이면 좋겠다.

이별 같은 그림

그대의
남빛 치마폭에
좌우로 그리움을 풀어내니
강물이 되네요

젖은 가슴은
잿빛 구름으로 하늘에 달아 놓고
울고 싶을 땐
언제든지 강물에 쏟게 했지요

강변엔
늘 푸른 나무를 촘촘히 심고
외로움 막아
다람쥐로
뛰어 놀게 하고

숲속에 숨어
임이 오실
오솔길 하나
더 그릴까 말까
망설이는

아!
이별 같은 그림이여.

이 가을에

가을을 마중 온 바람이
뜰에서 서성인다.
여름이 무너져 내리며
낙엽 위에 편지로 씌어지면
아직은 생경하지만
귀뚜라미 첫 소절이
가을을 안고 소리로 다가선다

머지않아 이 땅에 서리가 내리고
귀뚜라미의 송가에도
드문드문 첫눈이 섞이면
손가락을 걸고 약속했던 그 사람
한기처럼 찾아올까.

수록 작품 : 동시

나이테

지우개

봄이 오는 소리

이 지 영

· 서정문학 46기 등단(동시부문)
· Tarlac State University 박사과정(교육경영)
· 국제영유아교육연구소장
· 더스토리연구소장

나이테

나무의 나이는
동그라미
올해도 잘 자랐다
굵은 원을 새겨놓아요

나무의 성적은
동그라미
올해도 잘 지냈다
굵은 원을 새겨놓아요

나무의 마음은
동그라미
올해도 잘 살았다
굵은 원을 새겨놓아요

지우개

삐뚤빼뚤 틀린 글씨
쓱쓱 지우고

울퉁불퉁 모난 그림
싹싹 지우죠

얼룩덜룩 뽀얀 때도
쓱쓱 지우고

뾰족뾰족 엄마 화도
싹싹 지우죠

봄이 오는 소리

도도도
새싹이 돋는 소리
봄이 오는 소리

미미미
어치가 우는 소리
봄이 오는 소리

솔솔솔
바람이 부는 소리
봄이 오는 소리

도미솔
아이들 노래 소리
봄이 오는 소리

수록 작품

느낌

봄 예찬

어머니 사랑

이 춘 식

· (사)대한민국 문예진흥 서정 문학 대상 수상
· 광주 전남문학 회장(전)
· 들풀문학 회장
· (사)한울문학 편집기자
· 한국서정작가협회 동인

느낌

이른 아침
유리창에 성에가 꼈다
밖엔 하얀 눈이 내려 쌓여가는데
부엌 냄비에선 부글거리는 무엇인가 맛있는 소리가 들려온다
눈을 비비며 코를 벌렁이며 기지개를 켠다

먹고 자고
내리는 눈 덕이다
누군가 문을 열고 인기척
집사람 친구
슬그머니 옆방으로 비실거리며 피신
과일이 들어오고 나간다

밖을 내다본다
눈이 부시다
세상이 맑다 잠깐이겠지만 깨끗하다
생각해 본다
무엇인가
느낌, 하얀 세상이

봄 예찬

사랑은 뜨거운 가슴으로부터 온다
아니 그리워하는 가슴으로
겨우내, 가슴 졸이다가
씨앗을 뿌리는 농부네들로부터 온다

삶을 추구하는 봄은 사랑이다
애처로이 사랑을 찾아 떠다니는 사계절 중 봄은
어쩌다가 꽃샘추위와 사랑 다툼
밀려오는 버거움에 움츠려 오는 그리움

한낮 태양의 뜨거운 정열 여름보다
인파가 밀물처럼 밀려오는
오색 물결 아름다운 가을보다
봄은 더

세상을 살포시 엿보는 사랑의 맛처럼
사계절 중 으뜸이리

어머니 사랑

믿음 같은
속마음 같은
외로움도 희열에
미선나무 꽃 아기자기한 예쁨
원초적인 그런 것

어머니 마음 같은
정초한 그리움
오늘 그리고 내일 같은 그리움
엄마 젖무덤에 얼굴 묻고 조는 듯이

생각의 끝
무아의 경지에서
그냥 좋은
주고 싶고 가지고 싶은
어머니 사랑

수록 작품

편견

닭의 반란

연어의 회향

이 희 덕

· 충남 계룡시 출생
· 2003년도 타문학 등단
· 해종공협건설(주) 상무이사
· 코리아SM(주) 공동대표이사
· 서정문학 시부문 신인상

연어의 회향

망망대해에서
한평생을 화광처럼 불사르고
거역할 수 없는 운명의 시간
날 선 지느러미로 물살을 자르며
살점 뜯어 놓은 자리 주파수 따라
수만리 왔던 길 되돌아간다
밤하늘에 날카로운 별빛이
은빛 비늘 붉은 속살을
찌르고 할퀴어도
마지막 남은 실핏줄까지도 틀어
쥐고 바위틈과 폭포의 허들을
넘는 집념의 투혼
온 삭신이 욱신거리는
보름달 꽉 차오른 밤 만삭의 고통이
툭 터져 붉은 진주 아르르 쏟아지면
자긍스런 육탈의 숙명
어미가 그랬듯 아비가 그랬듯
숲은 이미 흔들리고 있었다

수록 작품

불꽃
서약誓約
별빛

장 영 순

· 충남 천안 거주
· 2015년 시와 수상문학 시부문 신인상
· 『시와수삼문학작가회』 편집이사
· 사)한국문학작가회 정회원
· 한국문인협회 시분과 회원
· 하나 예술원 '꽃뜰 힐링시 낭송협회' 우수회원

불꽃

바보입니다.
그대 밖에 모른

다른 이 못 보고
오직 그대만

설레며 불타올라
내가 무엇인가요

가슴에 묻힌 꽃씨
영원할까요

서약誓約

사랑 맹세 쉬운 게 아님을
하늘과 땅에 맹세했나요

아! 서약 쉬워도 지키기 어려워라
이것이 스침이면 서러우리니

사랑의 끈을 준비한 사람아
맹세는 시간에 매임을 잊지 마세요

하늘 땅 일컫는 그대와 나 알고
밤낮을 움직이는 귀가 듣노니

어찌 가벼운 맹세로 중한 인연이리까.

별빛

깊은 밤
가슴에 감성의 두레박을 드리우고 잊었던
선율을 길어올린다

별 잃은 하늘마저 보이지 않는 아파트에서
잠을 잊은 채 옛 감정을 펼친다

우리 사랑도 이리 흘러간다
아무 일 없었던 것처럼
네 사진을 보지 않은 지 오래되었다

소꿉놀이 마냥
이제 생기 어리던 사랑도 잊혀져 간다
아련한 기억 속에 너는 여전히 웃고 있는데
그저 바라만 보며

수록 작품

고속터미널 풍경

억새꽃

동행

정 공 진

· 桐里文學 동인
· 2016년 서정문학 시부문 등단
· 한국서정작가협회 회원

고속터미널 풍경

즈런즈런한 추석맞이에 나선
두평댁네 큰아들은
빼곡한 삼태 들녘을
비어 있는 의자에 앉히고도
봇짐 무거울 어머니 생각에
어젯밤에 정확하게 맞춰둔
손목시계 훔쳐보며 진둥걸음으로 다녀
고속터미널 바닥까지 덩달아 바쁘게 한다.

억새꽃

오후 한나절
텅 빈 하늘 위로
갈 길 바쁜 햇살이 종종거린다.

흔들리는 바람 새새틈틈으로
거미줄을 빠져나온 실구름 가고
그리운 사람
그리운 추억
가을이 지나간다.

노을 짙어질 하늘과 마주할
억새꽃을 남긴 채
가을이 간다.

동행

나는 가고 싶다.

길섶에서
바람이 나오기도 전에
가슴이 먼저
흔들리어도,

발자국이 남겨진 길 끝에
서 있는 물소리
귀에 박혀
시리어도,

저만치 흔들리는
도토리나무 아래 청설모가
움켜쥔 가을이
연신 딸꾹질하는
가을 숲 길 따라
나는 가고 싶다.

수록 작품

첫사랑 2

까치밥

달팽이

조 수 형

· 서정문학 시부문 등단
· 한국서정작가협회 회장
· 문학광장 수필 등단
· 시집: 『속주머니에 숨겨둔 사랑』, 『바람이 벽을 세운 간이역』

첫사랑 2

커피 향에 취한 눈까풀
시나브로 내려오면
40 성상 가슴속에 숨겨둔
타임캡슐 빗장이 제풀에 풀린다.

모모를 좇던 어느 해 늦가을
어쭙잖게 한 언약은
물안개처럼 스러졌고
길섶 풀벌레 노랫소리는
눈물의 서곡이 되었지만

왁자지껄 달아오른 입영열차 타던 밤
용산역 모퉁이에서 찍던 눈물
가슴 깊이 오롯이 남아있는데
3년을 기다리지 못하고
종적 감춘 사유는
아직도 풀 수 없는 수수께끼

바람이 전하기를, 그대도
같은 하늘 머리에 이고
장안에 갑순이로 산다던데

종로통에서 한 번쯤 마주쳤어야지
왜 다른 길로 비켜만 왔을까.

오늘은
그 풀벌레 소리를 다시 들어봐야겠다.

까치밥

겨우 매달려 있던 잎새마저
겨울비에 나뒹굴던 날
그 길이 어떤 길인지 모르는 내 님은
함박웃음 지으며 떠났습니다.

당신을 만난 짧은 시간
그대로 인해 웃고
그대를 위해 재롱 떨며
온 세상을 품고
구름을 밟으며 살아왔는데
오늘부턴 가슴 찌르는 비수 하나
남모르게 품고 살아야겠지요.

현몽하듯 시간 맞춰 찾아오는
이웃집 갓난쟁이 잠투정
담장을 넘어올 때면
귀 세워 오감五感 한데 모아
바람이 전하는 말에 귀 기울입니다.

첫새벽 부서지는 빗소리에
님 소식인가 하였더니
밤새 베갯잇 적신 그리움

파란 하늘 가득
한 점 피눈물로 맺혀있습니다.

달팽이

길동무도 없이 그저
앞만 보고 가는 길
삶을 통째로 짊어진 채
그림자마저 지우며 간다.

한 치 앞도 보이지 않는
뒤안길에 숨어 살아온 너나
옆도 돌아보지 않고
자갈밭을 굴러 온 나나
지문이 닳도록 달려왔지만
초속 463m 지구의 자전 속에
하루 24시간 사는 것은 매일반

그렇게 먼 길 돌아왔음에도
길도 없는 어둠 속을 헤매는 너와 난
요지경 속 어릿광대일 뿐

가랑잎에 매달린
달팽이의 텅 빈 외딴집엔
주인 잃은 영혼만 맴돈다.

수록 작품

하얀 구름 꽃

가을 숲으로 떠나간 추억

그림자 없는 빛

조 주 행

· 군산교육대학 서울시립대학교 행정학과
· 서울대학교 대학원(국민윤리교육과 졸) 교육학 박사
· 서울특별시 동부교육청 장학사
· 서울특별시교육과학연구원 교육연구사(현)
· 2013년 중화고 교장 정년퇴임 ·(현) 서울교육삼락회 이사
· 서정문학 시부문 신인상 ·서정문학 운영위원장

하얀 구름 꽃

혼자서는 아무것도 아니라고
부끄러워 미소조차 흘려버리고
누가 볼 새라 금세 지워지는
하얀 구름 꽃

함께 모여 그 무엇이 되고
그 어떤 소망이 되어
비로소 모양을 드리우는
하얀 구름 꽃

소리 없이 날아와
푸른 하늘의 무지개 되고
어둔 밤의 길동무 되었다가
그의 순결 지키기 위해
기꺼이 몸 날려 사라지는
하얀 구름 꽃

넉넉한 가슴이 포근한
하얀 구름 꽃

가을 숲으로 떠나간 추억

추억이 떠나버린 가을로 와요.
더 늦기 전에 가랑잎 날리는 숲속으로
어깨 위로 떨어지는 잎들을 온몸에 맞으며
팔 올려 날리는 꽃비 방울을 잡아도 보고
발밑에 부서지는 마른 잎들의 호흡이 날리는
저문 가을의 노래를 귀 기울여 또 다시 들으며
지난 봄날의 약속이 주는 보람을 함께 즐깁시다.
추억이 떠나버린 가을 숲에서

바람이 싣고 온 솔향을 마시며
풍성한 계절의 만찬장에서 흥겨운 노래를 부르며
벌써 떠나버린 가을일랑 생각지 말고
얼마 남지 않은 붉은 잎들과 뒤늦게 핀 가을꽃들과
아직 싱싱한 푸른 하늘을 언제까지라도 바라보며
밤을 부르는 저녁노을이 남은 빛을 몰아낼 때까지
마을의 호롱불이 소리쳐 부를 때까지
추억이 떠나간 가을로 갑시다.

그림자 없는 빛

내가 밝다는 이유로
누구의 등에도 그림자 지우지 않는
가난한 이들의 꿈 이어주는 은하수이고 싶다.
은하수에 한 점 빛 더하는 작은 별로 비추고 싶다.

내가 옳다는 이유로
누구도 그르다 하지 않는
오손도손 손잡고 함께 걷는 다정한 오솔길이고 싶다.
그 길 안내하는 한 송이 호롱꽃으로 피고 싶다.

어느 한 사람을 좋아한다는 이유로
다른 사람 누구와도 멀어지지 않는
어느 거리나 가리지 않고 찾아드는 훈훈한 봄바람이고 싶다.
그 바람 일으키는 몸짓 하나 지어본다.

수록 작품

가을편지

그대가 보낸 가을사랑

그리움의 인연

조충호

- 삼풍하이테크 대표이사 · 기능올림픽위원회 심사위원
- 부산기계공고 총동문회 부회장, 동기회장
- 동아대학교 산학협력연구센터 기술위원
- 철탑산업훈장 수상 ·『시문학창작』동인 · 서정문학 시부문 신인상
- 한국서정작가협회 회원 · 서정문학 운영위원

가을편지

깊어가는 밤
스산한 가을바람에
내 가슴 한올한올 풀어내어

그대 생각으로
그대 그리움으로
내 마음 전하렵니다

회색빛 먹구름
밤바다 내려앉을 때
길섶 낙엽에
지나온 흔적들 남기고

깊은 가을날
애잔한 그리움
서러운 나그네 되어
국화꽃 향기라도 실어 보내렵니다

허전한 마음 한구석
따뜻한 차 한 잔에
내 마음 안개되어 그대에게 가렵니다

그대가 보낸 가을사랑

내 당신에게
가을이 부릅니다

설레임으로 다가오는
당신의 숨결처럼

해맑게 손짓하는
수줍은 코스모스 향기로

삶의 절정에 익어가는
그윽한 황혼빛 사랑으로

내 당신에게
가을이 부릅니다

갈바람 억새처럼
떨리는 입술로 고백 합니다

당신을 만나
꽃으로 피웠던 하늘 빛 사랑
영원히 지지않을 행복이었다고

그리움의 인연

기다림에 지친 듯
먹구름 낀 하늘을
갈매기가 늘어져 날아간다

하루가 저물어갈 즈음
기다림으로 지친 내 어깨가
창가에 기대어 진다

꽃단장에 늦어지나
수다 떨다 늦어지나
해질 무렵 노을빛 세상 그리워

예전에 만날 운명을 아쉬워하며
이제야 만남을 고마워하며
오늘 하루를 보내려한다

내 안식처
비워둔 그 자리에
조금은 쉬어갈 수도 있으련만

오늘도

내 님 그리워
내일의 여명을 기다린다

수록 작품

루시Lucy
등
그물을 삼키는

차 영 미

· 방송대 미디어영상학과 졸업
· 편집디자이너
· 2009년『서정문학』시부문 신인상
· 2015년『시와세계』시부문 등단
· 서정문학 편집장
· 도서출판 서정문학 대표

루시 Lucy*

맏이 기억날까요 손바닥에서 자라는 모래시계 사이로 멍울을 삼키고 빗질하고 있습니다 기억을 달리는 꼬리뼈에게

그날의 빗물이 굳어갈까요 너덜해진 쉼표 사이로 흙냄새가 밀려가고 흔적을 베어내면 새벽이 눈을 뜨고 있어요 통증으로 희미해진

비밀을 비틀어서 삭제해요 밀봉을 시작하고 버석이는 열을 해체하는 스펙트럼이 증발하고 박제된 거울은 흩어지고

뒤집어진 액정은 위액으로 반짝입니다
길을 잃은 줄 모릅니다 타임캡슐은

커서를 읽어요 네모가 걸어가고 루시를
나는 번안하지 못하고 링크는 걸어두고

번져가고 있어요 용서하지 않았는데
거울 등 뒤로 '아직', 숨바꼭질 중인가요?

---

* 루시: 318만년 전 직립보행을 한 최초의 여성 인류 화석. 1974년 에디오피아 하다르계곡에서 발견

등

지하철을 타고 가다가 깍지 낀 등을 불러본다 훔쳐보다가 그림자로 가라앉고 '잠시멈춤'이라고 클릭하고 떠밀려가고 있었다 순환레일은 꼬리를 놓치고 '뒤로가기'는 보수중이었다 스크린도어는 수다스러웠지만 19살 수리공은 묻지 않았다 바닥이라고 부르면 이미 가라앉은 등이 흔들리고 있었다

포스트잇이 간격을 삼키고 팽팽해지고 '너의 잘못이 아니야, 미안해' 컵라면과 국화꽃 사이 내일을 잃은 케익이 매달리고 있었다 어둠이 스미고 깜빡 죽어가는 맥박이 무심해지고 낯설어질 때까지 젖어가는 레일을 마주보았다 배고픈 절벽이 쏟아지면 정수리 밝은 등이 하나씩 일어서고 있었다

그물을 삼키는

나는 우물 하나를 가지고 있어 우물은 가끔 불친절하고 제비를 뽑고 덫을 놓았어 바닥에서 가위바위보를 시작할 시간이야 커튼을 내려도 좋을까 이겨본 적 없는 낚시라고

그물, 그 물에서 바닷냄새가 날 때까지 극점에서 철길을 만나면 벗어놓은 허물은 물뱀으로 곱슬 거리지 코를 당기고 망을 삼킨 가발로 롤러코스터를 조준하지

허들 경주에서 번지점프를 클릭하고 눈금을 그려가고 있어 비등점에 던지면 우물은 넘칠까 빗방울의 냄새를 따라가고 있었는데 던져둔 오물에서 아가미가 자라고 있었어 호흡이 가빠지고 그물, 그 물에서 나는 우물을 삼켜버렸어

수록 작품

나는 이렇게 시인이 되었습니다

막걸리 심부름

선물

최 주 식

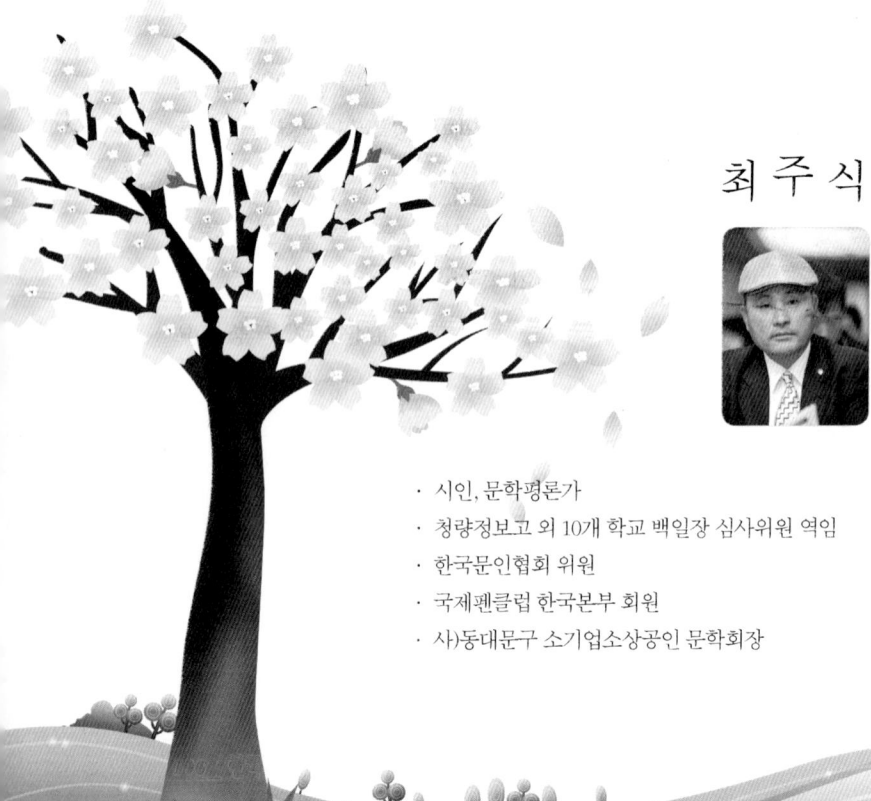

- 시인, 문학평론가
- 청량정보고 외 10개 학교 백일장 심사위원 역임
- 한국문인협회 위원
- 국제펜클럽 한국본부 회원
- 사)동대문구 소기업소상공인 문학회장

나는 이렇게 시인이 되었습니다

길을 가다
비탈진 언덕 메마른 땅에서 핀
반가운 얼굴의 들꽃을 바라보면
너무 기뻐서
친구 신청을 하였습니다

길을 가다
바람 부는 들판에서 손짓하는
수줍은 표정의 들꽃을 만나면
너무 좋아서
사랑 고백을 하였습니다

이 쪽 저 쪽을 가르는 번잡한 세상에서
나의 분노와 하소연을 들어줄 것 같은
들꽃을 친구로 받아들이고

하늘과 양심 앞에 부끄럽지 않는
들꽃을 사랑하다 보니
나는 이렇게 시인이 되었습니다

막걸리 심부름

면 소재지 양조장에서
막 빚어낸 쌀뜨물 같은 막걸리를
노란 주전자에 가득 담아
잡초 무성한 고갯길 돌아서면
목젖 모질게도 타올라
뽕나무 그늘에서 한 모금
외딴 느티나무 아래서 한 모금
꽃잎 뜨는 개울가에서 물을 채운 뒤
손가락 집어넣어 휘휘 저으며 한 모금
아버지는 알고 계셨을까?

오늘은 고층 빌딩 뒷골목 선술집에서
밥보다 더 배부른
막걸리 한 사발 들이키니
불현듯 배고프던 그 시절이
그리움으로 다가오네

선물

내가 아름다워요 하면
그대에게서 향기로운 꽃이 피어납니다
내가 사랑해요 하면
그대의 가슴은 따뜻해집니다
내가 고마워요 하면
그대의 얼굴은 미소로 밝아집니다
이런 기분 좋은 말 그대에게 선물로 드립니다

누구나 즐거워지는 멋져요
마음과 마음을 이어주는 공감해요
누구나 기쁨이 되는 감사해요
누구나 용서할 수 있는 미안해요
누구나 위로가 되는 힘 내세요
이런 배려의 말 그대에게 선물로 드립니다

화려한 미사여구가 아니어도 용기를 주는 긍정의 말
무거운 짐도 가볍게 느껴지는 칭찬의 말
보석보다 빛나는 사랑한다는 말
생명과도 같은 축복의 말
이런 황홀한 설레임의 말 하나도 빠짐없이
그대에게 선물로 드립니다

수록 작품

설거지
골목길
어머니

최 준 표

· 서정문학 동시부문 신인상
· 한국서정작가협회 회원
· 서정문학 운영위원

설거지

쨍그랑
오늘도 한 건 했다
아내가 아끼는
장미 문양 접시
기름때 미끈거리고
퐁퐁도 미끈거리고
철렁
가슴이 내려앉는 순간
곁눈질
쓱 모른 체하는 아내
푹푹 찌는 여름밤
오늘따라
매미 소리 더욱 청아하다

골목길

골목 어귀에
채소장수 손수레가
둥글게 말을 한다
옹기종기 모여 사는
아줌마들 하나둘
둥글게 모여든다
이거는 얼마
저거는 얼마예요
흥정이 오가는 소리에
덤이 따라 붙는다
낮은 담벼락에
깎아주는 모습 지켜본
장미꽃 얼굴이 불그스레하다
생활의 터전
기쁨과 슬픔의 구수한
이야기는 손수레의
둥근 바퀴다
골목길 정은
구불구불 불타오르고
채소장수 입가에
웃음이 걸렸다
비둘기도 날아와

둥글게 모여서
구구구 흥정을 한다
흘려진
채소 한 잎 달라고

어머니

보릿고개 숨넘어갈 때
앞산 소쩍새 울고
한평생 눈물짓던
어머니
논바닥 갈라진 거북 등
도랑물 길어
흠뻑 젖은 옷고름
눈물 흘리네
어머니
벼 이삭 훑고 난 논바닥
홀로 이삭 주워
자식 먹여 살았네
노을진 앞산에 소쩍새 울면
눈물 자국 훔치고
웃음 가득하신 어머니
너 잘났다
웃음 가득하신
어머니 이마 주름 펴졌네
한평생
행복 못 누리시고
요양원 신세

기억마저 잃으셨네
어이할까
눈물의 가슴
고향 소쩍새는 알고
있을까?

수록 작품

갈대 1
상사화
쑥부쟁이

최 홍 연

· 대한문학세계 시등단
· 아람문학 시등단으로 문학활동
· 대한문인협회회원
· 아람문학문인협회회원
· 한국시민문학협회회원
· 선진문학예술안협회회원

갈대 1

때로는 사랑의 빛이 되어 연애하고 싶은
가을 타는 여인의 발정 난 암내 같은

달빛 끌어안고 자위하는 수국이
참지 못하고 사정하는 가을밤

속 타는 갈대 숲으로 새
아무도 모르게 날아들고

갈바람에 희롱당하는
꽃의 교성嬌聲이 깊어지면

누운 듯 굽이쳐 흐르는 강물에
속살 드러내고 혼자 우는 너

상사화

누가 알까 무서워
속으로 삭이는 눈물인가

부질없는 사랑, 저주받은 운명
하늘 향해 꽃대를 들어 올리고
속살에 간간이 불어오는 바람
시린 바람에 애절한 몸부림
갈래갈래 찢겨진 가슴이여

소쩍새 숨죽여 밤을 새우고
마디마디 절절한 그리움 울음에 담아
이룰 수 없는 사랑에 애타는 설움
천 만 번을 더 불러도 대답 없어
애통함에 응어리진 붉은 가슴
갈기갈기 찢겨 헝클어진 심사心事
아침 햇살에 맺힌 찬이슬이로세

고난과 설움, 애절한 그리움
서러움 삼키고 밤을 지새우며
한 줄 시어詩語로 하소연하는 삶
그리워 그리워도 만남을 허락하지 않는

상사화, 화엽불상견花葉不相見*
너와 나의 슬픈 운명이여.

---

* 화엽불상견花葉不相見 : 꽃과 잎이 서로 만나지 못한다는 뜻으로 연인(남녀) 간 만나지 못함을 표현한

쑥부쟁이

당신을 사랑합니다
부질없는 속마음 말도 못하고

바람에 몸 맡겨 울며
고적한 풀숲에 홀로 살아도

부끄러운 속살 감추고
그대 보고 싶어요

속 빈 웃음으로 가을을 호리며
임 마중 가잔다.

수록 작품

효자손

산밭

아빠가 벗어놓은 낡은 구두

표 예 숙

· 2001 원광대 문예창작과 졸
· 전북작가협의회 회원
· 서정문학 시부문 신인상
· 한국서정문학작가협회 회원
· 동서문학상

효자손

얇디, 얇아진 손을 꼭 잡으면
뿌리치십니다.
가렵다 가렵다
머릿밑이 가렵다
가렵다 가렵다
등이 가렵다
손을 집어 넣어 긁으려 치면
뿌리치십니다.
침침해진 두 눈이 참 맑습니다.
얇디 얇은 손바닥으로
두 볼을 꼭 감싸 안으시며
괜찮다
괜찮다
등이 가려워 긁으면
지루한 기다림의 끝처럼
떨어진단다. 슬슬슬
희고 고운 뼛가루
등에서 떨어지고
팔에서 떨어지고
다리에서 떨어지면
가벼운 마음으로
돌아갈 수 있지 않겠니.

모유가 끊긴
내 엄마의 젖무덤으로……

산밭

벌써 십여 년 전 일입니다.
늦여름 참깨 밭고랑 풀 매는데,
고추밭에서 붉은 고추 따던 내 딸
습한 흙 이불 덮고 잠이 들었습니다.
하늘빛이 검푸르게 변하고,
참깨, 우수수 눈물처럼 떨어집니다.
"어여, 일어나 떨어지는 깨알 좀 봐
비어 깻단 세워야지
여여, 같이 풀도 다 뽑아야지
한단소리마다 엉뚱한 소리입니다.
산밭 구석구석 오색 빛 사이로
햇살 곱게 퍼집니다.
깊이 잠들어 버린 내 딸
"일어나 갑세다. 가야지 내려 갑세."
그날, 그렇게 데리고 내려오는 길
팔십 평생 아리고 아리던 혹 주머니 터져 메아리쳤습니다.
그래도 살아집디다.
몇 해 며칠을 산밭을 오르고 내렸습니다.
지팡이 꼭 집고 다니라던 사위 말에
한발 딛고 눈물 흘리고 한발 딛고 한숨 쉬니,
이제는 산새들이 오가는 눈물길 말벗 되어 줍니다.

여름이면 고추 따다 사위집 마당에 말리고
가을이면 담장 밑에 깻단도 세워 놓았습니다.
겨울이면 눈 내리는 날 첫길 밟고 와,
사위방 농문 열어 목화이불 이고
솜 터는 집 마실갑니다.
숨 죽인 목화솜 부풀어 오르면 내 딸
눈꽃송이 되어, 재잘재잘 남편 흉을 볼 것 같습니다.
목화이불 덥고 따뜻이 자라는 말도
이제는 사위 눈치가 보여 못하겠습니다.
돌아오는 가을걷이 끝날쯤
산밭을 한 해 두 해 묵혀야겠습니다.

아빠가 벗어놓은 낡은 구두

아빠는 늦은 밤, 낡은 구두 반듯이 벗어 놓고
늘 그렇듯 방안에 들어가신다.

어릴 적,
나는 아빠가 벗어놓은 구두를 즐겨 신었다.
구두 속으로 작은 발이 다 들어가고도 남아,
동생 발도 빌려 넣고 기차놀이를 했다.
칙칙폭폭 아빠 기차가 지나간다.
거실로 주방으로 서재로 안방으로
아빠기차는 큼직한 발자국을 남긴다.
기차놀이를 하다 잠이 든 내 방 천장에
아빠발자국 별자리 되어 빛난다.
반짝 반짝
풀린 구두끈으로 이어 만든 별자리
철로를 홀로 달리는 새벽기차를 타고
먼 밤하늘을 달린다.
칙칙 폭폭 칙칙 폭폭…….
기차가 내 가슴에서 멈췄다.
나는 그 소리가 싫어
두 손으로 귀를 막고
두 눈으로 아빠를 흘겨보기 시작했다.

오늘도,
늦은 밤 벗어 놓은 구두
굽이 다 닳아 발자국조차 남기지 못한 채
방에 들어가 곤한 잠을 잔다.
녹슨 철로처럼 척추 뼈가 굳어만 가고
기차 경적 소리 같은 코고는 소리
철길에 깔아놓은 자갈처럼 거친 이불
뒤척일 때마다 자갈 구르는 소리
새벽 자명종 되어 구두를 깨운다.
아빠는 말없이 구두끈을 조이고
발자국 하나 없이, 대합실까지 걸어 나온다.

온종일 벗어지지 않을 낡은 구두는
아빠를 태우고 철로 위를 달린다.

수록 작품

여름시인

물소리 산장

李箱이 만난 莊子를 읽고

한 희 정

- 필명 : 녹파
- 월간한울문학(시) 등단(2010년)
- 사)한국문인협회 회원
- 사)부산시인협회 회원
- 서정문학 운영위원
- 시집 : 『몽당붓 향기』, 창조문학사(2012)

여름시인

땀에 젖은 숲의 유혹을 뿌리치고
한 점으로 향한다
방명록에 화석을 남긴 사람들은
품위 유지비를 지급한다
나는 아직 노란 깃털이다
한여름 냉기가 시류의 심원에서 솟아나
강당 안을 채운다
따스한 시선을 흡입하는 조명이
무대를 평정한다
연사의 유기적 언변에
포정*의 예리한 칼끝이 어둠을 도려낸다
러시아 형식주의는 학춤을 춘다
별을 세는 퍼포먼스에서
천사의 날개가 돋는다
낭송가의 부러진 혀끝에서
은유의 별이 만년설로 내리고
자유로운 영혼이
생태해독을 끝내고 낯선 얼굴을 비빈다

---

* 포정庖丁 : 장자莊子에 나오는, 소 잡는데 도가 튼 백정

물소리 산장

바위의 뼈는 날카롭게 흘러내린다
등 굽은 소나무 가지가
바람으로 자란다
산의 신비를
풍경으로 맞댄 창가에
계곡 물소리 드높다
이야기꾼들이 풀어헤친 보따리에서
꽃을 피우면
노랑턱멧새 한 마리
대둔산 가을을 실어 나른다
한밤의 음모는 보쌈해 온 둥근달을
소나무 뒤로 숨긴다
숲속 빈자리를
정담으로 채운다
찬란한 활엽수의 반란이
비탈길을 훑어 내리자
강은 서둘러 방화문을 닫는다
턱을 괴고 누운
내 얼굴을
핼쑥한 낮달이 내려다본다

李箱이 만난 莊子를 읽고

발라먹은 언어를
우려낸 국물은 무쇠솥 녹물이다
메타언어가
철학의 잡내를 잡아낸다
유와 무
점과 선이 장자의 마음을 훔쳤다
거울 속 나와
거울 밖에 선 나는
고요한 분열을 한다
기침으로 토해놓은 각혈은
나의 육체다
펜촉의 잉크는 보랏빛 오동나무 꽃이다
짧고 긴 여운 속에
붕새 한 마리 날아간다

수록 작품

문래동
대한민국 국민
가을, 담화

홍 만 희

· 서울과학기술대학교 문예창작학과 졸업
· 서정문학 시부문 신인상 수상
· 산림문학 수필부문 신인상 수상
· 공무원문예전 시부문 수상(행정자치부 장관상)
· 시집 : 『책 한 권』
· 공저 : 『한국대표서정시시선 3·4·5·6』

문래동

그곳엔 어떤 새들이 살고 있을까
스스로 적막을 세우고 그 속에 깃들어 사는 새들,
발자국이 문자를 쉼 없이 찍어대는 그 곳
알들이 하나도 깨어지지 않고 모두 부화하는 그곳에 이르려면
내 안에 있는 천 개의 벽과 문을 통해 그곳이 내게 들어와야 한다
두드려도 열리지 않는 벽과 문, 그 출구에서
내가 구토를 할 때마다
새들도 따라서 구토를 한다
새들이 침묵을 견디듯이
나도 침묵을 견디며 산다
낡은 언어를 쪼며
쉼 없이 줄탁을 하면,
날 끝 언어의 세계를 내게 펼쳐줄 수 있는가
때때로 나는 그곳을, 그곳은 나를 만들고 또 무너트린다
극점 같은 땅위에 내 중첩된 문장이
구두점 없는 문장으로 이어진다
바람결에 날아가
새들의 날개 위에 올라앉는 곳
나를 부쉈다가 다시 세우는 그곳은
아직은 먼 나라

수록 작품

아버지

아름다운 동행

트레드밀

홍 순 선

· 방송통신대 행정학과 졸업
· 지방행정공무원 봉직(35년)
· 서정문학 시부문 신인상
· 동해문인협회 회원

아버지

아버지의 아들은 1949년에 태어났다 그 무렵 우리나라는 남과 북으로 나뉘어
좌우익 이념 대결로 팽팽히 맞서다 급기야 이듬해 6·25전쟁이 발발했다.

새의 양 날개는 균형이 팽팽하였습니다
팽팽함이 지나치면 쇳소리가 나서 날지 못합니다
쨍그랑 소리의 조짐 속에 아버지의 아들로 태어났지만
부자간의 연은 쨍그랑! 거기까지였습니다
시대의 아픔이 심장을 들쑤시는 응어리 속에
하나의 날개로 살아가야 했고
날아 볼 수 없는 엄혹한 시절이었습니다

그래도 아픔을 치유하는 건 세월인가 봅니다
세월의 숲에서 비익조를 만났습니다
튼실하고 큰 날개를 달았고
보송보송한 작은 날개도 생겼습니다

학수(鶴首)로 얼어 채 돌이 안 된 아들을 꼭 껴안고
사래 긴 수수밭을 보여주셨다는 아버지!
반세기를 한참 지나 칠순이 머지않은 아들의 등짝에
당신께서 감쌌던 손자국이 아직도 남아서
아득한 그 온기로 외로움을 메웁니다

아름다운 동행

이마 언저리와 살쩍에 소금기가 내려앉은
초로의 부부 결혼기념일
긴 안락의자에 나란히 앉아
함께한 사십 성상의 아스라한 추억에 잠기네

아내는 남편이 집안의 기둥이라서
남편이 하는 말이라면
"아! 네!" 하며 두말없이 따르고
행복이 달아날세라 늘 마음 졸이건만
남편은 가장이라는 영절스러운 핑계로
아내가 하는 말엔
같은 편이 아닌 남의 **편**인 양
자주 퉁명을 놓아 아내를 힘들게 하였네

얼굴에 파인 주름만큼이나 회한이 깊어도
이제는 돌이킬 수 없지만, 여백餘白에서는
두말없는 "아! 네!"에 대하여
토 달지 않는 같은 편이 되어
오늘, 내일도 머~언 그날까지도
수없는 마음의 빚을 삶의 행간에 새기려네
아름다운 동행을 위하여

트레드밀

달린다
중력을 거스르며
발과 무릎을 나란히 심장에 걸고

가슴속에 실안개 핀다
팽팽한 벨트 위에 은구슬 뿌려진다
차오르는 숨 갈피로
낮과 밤이 갈마들고
지구가 일 년 만에 제자리에 오듯
자전과 공전을 거듭한다

막고비에 들어선 몸이 새틸 같다
정신이 혼미의 깃을 단다
마침내 우주 유영의 나래로 이 별 저 별을 돌다가
무아에서의 유영이 아킬레스*와 부딪치며
심장에 걸었던
발과 무릎이 떨어졌다

흩뿌려진 은구슬을 꿰어서
알천으로 챙기고
숨을 고른다

---
* 아킬레스(Achilles):1906년 독일 천문학자 볼프가 발견한 소행성

수록 작품

잉여농산물

박 웅 보

· 서정문학 소설부문 등단
· 한국서정작가협회 회원
· 산능대학 경영정보학과 졸업
· GBC(극동 비즈니스 스쿨) 중소기업 경영과정수료
· 비즈니스 컨설턴트

잉여농산물

　1955년 5월에 한·미 잉여농산물협정이 체결되면서 미공법 480호에 의한 원조에 따라 만들어져 우리에게 다가온 말이 '잉여농산물' 이다. 우리는 6.25전쟁이 휴전되어 2년. 보리보개를 넘기지 못하고 굶어 죽는 국민이 있을 때이다. 미국에서 남아 넘치는 농산물을 우리에게 팔아서 그 돈의 20%는 가져가고 80%는 우리나라에 원조 명목으로 남겨 국방비로 썼다. 국방비에서 미국 무기를 사들이고, 국군 간부들의 군사유학비로 지출되었다. 이래저래 미국의 남아도는 농산물을 팔아 원조하면서 사실상 가져간 현금은 20%가 아니라 70%였다.

　미국농민은 농산물 가격안정을, 무기상은 무기 수출의 판로를, 미국정부는 원조지원이라는 생색을 내었다. 60여 년 전 일이다.

　1976년 8월. 일본 지바겐 이치하라시에서 기숙하던 때의 일이다. 기숙사 옆에는 아담한 아파트가 두 채 있었는데 그 사이를 아침저녁으로 지나다녔다. 쓰레기 수집장 옆에서 한 할머니가 울고 계셨다. 손에는 음식물 찌꺼기에 무화과가 가득 들어있는 쓰레기봉투를 들고 있었다. 왜 우시느냐고, 제가 도와드릴 일이 없으신 가고 생각하고 알고 있는 일본어 단어를 총동원하여 할머니를 위로 하는데 할머니가 비시시 웃었다. 말을 이어가지 못하고 더듬거리는 모습이 귀여워 아니 웃을 수가 없었다 했다. 그 할머니는 텃밭에

두 그루 있는 무화과나무에서 따온 무화과를 옆집에 살고 있는 젊은 부부에게 주었다. 젊은 부인은 고맙다는 인사를 했고, 답례로 케이크를 사오기도 해서 더 무화과를 주었는데 오늘 보니, 이렇게 버려져있어 사기를 당한 기분이라 했다. 그때 일본은 고도경제성장기로 소비가 미덕인 시기다.

당시 젊은 사람들은 돈 주고 과일이나 채소 등을 사 먹어도, 얻어먹는 것은 질색일 뿐만 아니라 이웃집 할머니가 주시는 과일은 맛이 없었을 것이다. 40여 년 전 일이다.

1996년 11월 정부에서 수매한 전년도 양곡이 남아있어 추곡수매가를 조절하거나 수매 물량을 감축해야 한다는 정부 양곡정책 발표로 농민들의 심기를 건드렸다. 쌀 소비가 줄어든 원인도 있지만 비료, 농약 등이 발달하여 단위 면적당 수확량이 높아졌고 쌀 소비가 줄어든 원인은 국민식성이 서구화하여 밀가루 음식과 육류를 선호하기 때문이라 했다. 사람들이 너나없이 살기 위해서 먹는 것보다 즐기는 식사로 전환하는 시기였다. 20여 년 전의 일이다.

2016년 11월 현재. 정부가 보유하고 있는 보유미는 171만 5,000t에 이르며, 10만t당 연간보관·관리비용은 316억 원, 판매 손실은 1,444억 원에 이르는 것으로 집계 되고 있다. 궁여지책으로 생각해낸 해결 방법이 해외 원조를 적극적으로 고려해보자는 것이다. 그러나 이런 문제는 법안을 입안하고 심의해서 국회통과하는 과정을 거쳐야 하는데 정부도 국회도 굿판에서 벗어나지 못하고 있다. 혼자 걱정을 해도 5천백만 분지 일의 능력으로는 지극히 하찮은 존재다. 대통령을 친한 친구로 다룰 재주가 없으면 입 다물고 가만히 있을게 아니라 생각도 다물어야 할 판이다.

이 잉여농산물이 거국적이 아닌, 개인에게 불똥이 튕겨지고 있다. 20여 년 가까이 외국에서 생활하다 귀국하여 농사를 시작했다. 글을 쓰면서도 농작물 관리는 충분할 것으로 보았으나 그게 그렇게 수월한 일은 아니다. 더구나 밀감재배는 그렇다. 바람이 불어도 걱정이고, 비가 와도 걱정, 비가 안 내려도 걱정되는 것이 농작물에 대한 애착이다. 한 가족은 매일 만나고 살다보면 자연이 매력이 보이고 곱게 여기지는 것처럼 농작물도 그렇다. 애를 써서 결실을 하여 놓으면 값은 생산자가 매기는 것이 아니고 중간 상인이나, 농산물 공판장에서 경락하는 중개인들이 결정한다. 이것이 일차산업인 농업인의 설움이다.

밀감을 따고 선별하여 상품은 상품대로, 비상품은 비상품대로 구분하여 출하한다. 밀감나무를 돌아가며 아무리 깨끗이 따낸다 해도 적지 않은 양의 나무에 달려 있게 마련이다. 일단 밀감을 일차로 완전히 수확하고 나서도 나뭇잎에 가려 안 보이고 지나간 수량이 200여kg이나 되었다. 이 수량을 가지고는 따로 출하할 수도 없고 자가 처리한다. 밀감재배 초보이다 보니 버리는 것도 아까워 차에 싣고 다니며 다섯 집에 내려주었다.

감귤을 재배한다는 선전을 겸하여 나눠 먹는 인심이 발동에서 배달한 것이 두 집에서 거부반응이 돌아왔다. '받아서 고맙기는 한데 맛이 그러네요' 먼 친척이라도 가깝게 지내던 처지라서 하는 이야기로 들었다. 또 한 집에서는 '귀찮게 가져와서 버려 버렸다.'는 말을 두 사람 거쳐서 알았다.

'농산물을 주고 욕을 얻어먹는 시대'는 돌입한 지가 벌써 오래된 것 같다. 집에서 제사를 지내도 조금씩이라도 이웃집과 나눠먹던 시대에 머물러 있는 것 같아 스스로 코웃음쳤다.

극조생 밀감은 신맛과 단맛이 반반일 경우가 있다. 작년 같은 해는 여름에 비가 자주 내려 단맛이 덜했고, 금년(2016)은 여름에 가물어 단맛은 상승했으나 가을에 비오는 날이 많아 쉽게 물러 터지는 현상이 있다. 올해는 작년에 밀감을 줘서 고맙다는 인사를 받은 집에만 확인하여 보내려다 접어 버렸다.

극조생 밀감의 신맛에는 비타민P가 비교적 많이 포함되어 있다는 것은 다 알려진 사실이다. 여름 내내 혈액의 수분이 땀으로 빠져 몸이 노곤하고 활기가 없이 가을에 접어들면 추위를 타고 감기에 노출된다 한다. 극조생 밀감에 함유된 비타민P는 모세혈관을 보호하여 혈행에서 노폐물을 흘려 보낸다. 혈액에 수분을 조절하여 주는 역할도 하는 비타민P는 밀감의 신맛에 많이 함유되어 있다고 한다. 그뿐인가. 감귤의 10대 기능이 따로 있다. 식욕증진, 피부미용, 피로회복, 고혈압 예방, 각종 면역증강, 항균작용, 암 예방, 멀미완화, 체질개선, 감기 예방 등등.

일본의 3대 밀감주산지인 시즈오카, 와카야마, 에히메 지방은 다른 지방에 비하여 성인병 발병율이 낮다는 연구결과가 오래 전에 발표되기도 했다.

2016년 10월 한 달 동안 전국 대형 마트나 백화점에서 가장 많이 팔린 과일이 밀감이란 통계가 나왔다. 이렇게 많은 사람이 좋아하는 감귤을, 산지에서는 귀한 대접을 하지 않을까. 너무 말이 많아서 그런 것 같다. 생산조절, 비상품 처리문제, 강제착색 적발 등 매년 반복되는 말들이 감귤주산지에 살고 있는 사람들은 신물이 나도록 들어서 신맛을 좋아하지 않는 것일까.

수록 작품

성희롱 예방교육

윤 송 석

· 서정문학 수필부문 등단
· 대한문학세계 소설부문 등단
· 한국방송통신대학교 국문과 졸업
· 장편소설『개팔자 상팔자』

성희롱 예방교육

　회사에 도착하여 우선 출근카드를 찍고 탈의실에서 유니폼 uniform으로 갈아입고 있는데 직원들 웅성거리는 소리에 신경이 거슬렸다. 그곳에서 나와 계단을 오르는데 미화반장이 먼저 인사를 하면서 "관리사무실 2층에서 교육이 있대요."라고 귀띔해주었다. 그 순간, 문득 그저께 벌어진 불미스러운 일이 떠올랐다.
　서울특별시 송파구 H아파트에 근무하는 장모(72·남) 씨와 같은 아파트 109동 211호에 사는 초등학교 5학년(12·여) 여학생 사이에서 일어난 사건이다.
　장 씨는 H아파트에서 16년째 경비원으로 일하고 있었으므로, 그 여학생의 어린 시절, 곧 갓난아기 때부터 자라나는 모습을 줄곧 지켜보았을 뿐만 아니라, 서로 아는 체 인사도 나누면서 지내온 터였다.
　2016년 3월 2일(수) 저녁, 경비원 장 씨는 늘 그랬던 것처럼 초소 앞을 지나가는 그 여학생에게 "학교에 갔다 왔어?" 하면서 악수를 했다. 장 씨는 그날따라 악수를 하면서 오른손 검지로 그 여학생의 손바닥을 긁어 간질이는 장난을 쳤다. 여학생이 자지러질 듯 깜짝 놀라 손을 빼려고 하자 이번에는 오른팔로 여학생의 목을 안고 "뽀뽀 한 번 해보자!" 하면서 자신의 입술을 여학생 입술에 갖다 대는 시늉을 했다. 여학생은 겁에 질려 외마디 소리를 지르면서 장 씨의 손을 뿌리치고 109동 현관문으로 급히 들어가 비상계단을 타고 2층으로 올라갔는데 장 씨가 그 계단 아래까지 뒤쫓아 따라갔다는 것이다.

그 여학생은 일을 마치고 밤늦게 돌아온 어머니께 장 씨의 해괴한 언행을 고스란히 일러바치면서 "그 아저씨가 무서워 죽겠어요."라는 말까지 했다는 것이다. 그의 부모는 딸아이의 이야기를 주의 깊게 거듭 확인하면서 경비원 장 씨를 심히 괘씸하게 여기고 경찰서에 신고했던 것이다.

급기야 3월 3일(목) 새벽 2시 30분경 두 대의 경찰차와 경찰관 세 명이 H아파트에 들이닥쳤고, B조 경비반장을 통해서 해당 부모와 사건 당사자 장 씨를 즉시 호출했다. 그리고 새벽 3시경 장 씨를 연행한 경찰차 두 대가 그들 일행을 싣고 송파경찰서로 향하였다.

위 사건으로 말미암아 결국 본사 김 과장이 사건 발생 3일째인 2016년 3월 4일(금) 오전 6시부터 7시까지 성희롱 예방교육을 하게 된 것이다.

공교롭게도 대한민국 정부는 국민안전을 위해 반드시 척결해야 할 범죄로서 성폭력, 학교폭력, 가정폭력, 불량식품 등을 4대악으로 규정하고 근절운동을 강력하게 추진하고 있다. 그 중에서 첫째가 성폭력이다. 성폭력의 사전적 의미는 성희롱, 성추행, 성폭행 등을 모두 포괄하는 개념으로 성을 매개로 상대방의 의사에 반해 이루어지는 모든 가해행위를 뜻한다.

그러면 성폭력에 해당하는 성희롱, 성추행, 성폭행의 의미를 살펴보자.

첫째, 성희롱은 성性에 관계된 말과 행동으로 본인의 의도와 상관없이 상대방에게 성적 불쾌감, 성적 수치심, 성적 굴욕감, 성적

혐오감을 주는 행위를 말한다. 여하한 경우라도 성관련 언사(言辭)와 행동을 주의해야 한다.

둘째, 성추행은 일방적인 성적 만족을 얻기 위하여 물리적으로 신체접촉을 가함으로써 상대방에게 성적 수치심을 불러일으키는 행위를 말한다. 따라서 이성의 몸에 손을 대는 것을 엄격히 금지한다. 가령, 어린이가 넘어졌을 경우에 일으켜 세우는 데까지는 가능하나 옷에 묻은 먼지를 털고 손이나 머리, 어깨 등을 잡고 만지는 행위는 금해야 한다. 선의적인 행위라도 오해의 소지가 많으므로 여자어린이에 각별히 주의해야 한다.

셋째, 성폭력의 하나인 성폭행은 강간과 강간미수를 의미한다. 강간은 폭행 또는 협박을 가해 사람과 교접행위를 하는 것을 말한다.

그러므로 아무리 예뻐도 예쁘다고 만져서는 안 된다. 만지면 크게 탈이 날 수 있다. 아무리 귀여워도 쓰다듬으면 안 된다. 무심코 쓰다듬다가는 큰 문제가 될 수 있다. 아무리 사랑스러워도 사랑스럽다고 몸으로 표현하면 안 된다. 혹시라도 안아주다가는 예기치 못한 수모를 당할 수도 있다. 남녀가 엄격하게 내외(남의 남녀 사이에 서로 얼굴을 마주 대하지 않고 피하다.)하던 조선 시대보다 더 삼가 조심해야 할 시대가 21세기 대한민국의 현주소인지도 모른다.

예쁘면 그저 '예쁘구나!' 하고 마음속으로 지그시 억눌러서 재발하지 않도록 푹 삭혀야 한다. 예쁜 사람을 예쁘다고 언행을 잘못하면 그것이 결정적 흠이 되는 시대가 되었다. 귀여우면 그냥 '귀엽구나!' 하고 그 느낌을 바로 주저앉혀서 깡그리 소화해야 한다. 귀여운 사람을 귀엽다고 잘못 표시하면 그것이 상상 이상의 허물이 되는 시대이다. 사랑스러우면 '사랑스럽다!' 하고 속으로만

감탄해야 한다. 나부대다가 자칫 잘못되면 평생 후회스러운 상처가 되고 마는 시대이다. 이것이 그 무엇보다 예민한 성性의 세계이다.

지금까지 性은 우스갯소리의 급소가 되었고, 농담의 단골 메뉴Menu가 되었고, 음담패설의 핵심이 돼서 흥밋거리를 일삼는 자들의 입방아에 수없이 오르내렸고, 성은 더할 나위 없이 아주 나쁜 화제의 중심에 우뚝 서 있었다. 그러한 까닭에 性은 누구나 그리워하는 것이면서 싫어하는 것이 되었고, 최고로 아름다운 것이면서 최고로 추잡한 것이 되었고, 최고로 귀한 것이면서 최고로 천한 것으로 취급해온 것 또한 널리 알려진 사실이다.

우리는 여태 귀한 것을 귀한 줄 모르고 살아왔다. 다이아몬드보다 더 값진 性을 유리조각보다 더 하찮은 것쯤으로 여겨왔다. 보석보다 더 빛난 性을 추한 것으로 취급해 그 찬란한 빛을 송두리째 말살해버렸다. 나와 너, 우리 모두 서로 아끼고 보호하고 그리하여 보배롭게 가꾸어야 할 性을 함부로 취급하여 상처투성이로 만들고 나서야 후회하고 눈물짓고 가슴을 치며 탄식해왔다.

하지만, 바야흐로 아름다운 性 고귀한 性의 시대가 열린 것이다. 어느 때부터 性을 격이 낮고 속된 것으로 취급해왔는지 모르나 이제부터는 性에 관해서 함부로 말할 수 없는 시대가 된 것이다. 내게 있는 입이지만, 말에 특별히 세금 붙지 않는다고 性에 관해서 내 생각대로 내 주장대로 함부로 지껄이고 행동했다가는 여지없이 부끄러움을 당하는 시대가 되었다.

오늘날 정부에서 성폭력을 제일 나쁜 죄악으로 다루는 것을 보면, 그만큼 性의 세계에 인간의 존엄한 가치가 깃들어 있음을 어림잡을 수 있다. 성희롱, 성추행, 성폭행, 성폭력 등은 이 지구별에서 하루 빨리 말끔히 사라져야 할 추태(醜態; 더럽고 지저분한 짓)이다.

이 세상에서 으뜸으로 가치 있는 길이 무엇인가? 명문학교에 다니고, 좋은 차를 몰고 다니고, 호화로운 저택에 사는 것이 가치 있는 삶이 아니다. 남성의 性, 여성의 性, 그것을 존귀하게 여기며 사는 길이 진정 가치 있는 삶이다. 더 나아가 性은 무서운 것이다. 무서울 뿐만 아니라 지극히 귀한 것이고, 귀할 뿐만 아니라 지극히 가치 있는 것이다. 이 세상 그 무엇보다 가치 있는 것이기 때문에 지극히 아름답고 지극히 선한 것이다.

역사적으로 남성 자신이 선하지 못한 것은 性(생활) 때문이었다. 여성 자신이 선하지 못한 것 또한 性(생활)으로 말미암은 것이었다. 모름지기 인간의 가치 기준은 외모에 있지 아니하고 자신이 소유하고 있는 性에 있는 것이다. 용모가 아무리 준수한 남성이라도 性이 아름다워야 남성 그 본래의 바탕이 아름다운 것이요, 여성의 용모가 아무리 아름답더라도 性이 아름다워야 여성 그 본래의 바탕이 아름다운 것이다. 性 질서가 무너질 때 제아무리 가치 있고 귀한 것도 순식간에 다 깨져버린다.

설마하니 72세(경비원) 노인이 여성으로써 이제 막 꽃망울 맺은 12세 소녀(여학생)를 성적(性的) 상대로 여겼을까만, 단 한 번의 빗나간 언행 탓에 16년간 근무했던 그 직장에서 경찰서로 강제 연행되던 날 찍소리 한번 못하고 불명예 퇴직하게 되었고, 하루아침에 범죄자가 되었다. 그것도 소소한 범죄가 아니라 천하에 몹쓸 아동성폭력범이 되었다. 엉겁결에, 그는 인간의 가장 아름다운 性을 더럽힌 성범죄자라는 레테르(letter/ 표지)를 붙인 채 칙칙한 삶의 뒤안길로 사라져가야만 했다.

아, 이 얼마나 소름끼치는 이야기인가? 밤낮 조심하고 또 삼가 자중해야 할 性(sex)의 세계이다.